서울대 한국어+

Student's Book

서울대학교 언어교육원 지음

장소원 | 김현진 | 김슬기 | 이정민

2A

서울대학교출판문화원

머리말

《서울대 한국어⁺》는 한국어 학습자들의 효율적이고 단계적인 한국어 능력 향상을 목적으로 서울대학교 언어교육원의 오랜 교육 경험을 바탕으로 기획되었습니다. 이 시리즈는 한국어 학습자들의 한국어의 표현 영역과 이해 영역의 고른 향상을 목표로 한국어 학습자들이 말하기, 듣기, 읽기, 쓰기 네 가지 기능을 고루 향상할 수 있도록 구성된 학습자 친화형 교재이자 학습자들의 주도적 학습을 위한 교재로 기획되었습니다.

《서울대 한국어⁺ Student's Book 2A》는 200시간의 한국어 정규과정 교육을 받았거나 그에 준하는 한국어 능력을 가진 성인 한국어 학습자들이 약 200시간의 정규과정을 통해 친숙한 주제와 내용으로 기본적인 한국어 의사소통 능력을 기르도록 구성하였습니다. 이 교재의 시작은 어휘 영역으로, 그림을 통해 학습자들의 이해를 돕고자 주제별 어휘를 그림과 함께 제시함으로써 학습자들이 개별 어휘의 의미를 이해하고 익힐 수 있도록 하였습니다.

기존의 교재가 문법과 표현을 전면에 제시한 것과 달리 이 교재에서는 문법을 별도의 책으로 구성하여 학습자들이 먼저 문법과 표현을 익힌 후 주교재의 활동을 통해 내재화할 수 있도록 하였습니다.

말하기 활동을 강화하여 학습자들이 익힌 어휘와 문법을 실제 상황에 유용하게 활용할 수 있도록 하였습니다. 또한 듣기와 읽기 활동은 전-본-후 단계를 거치도록 구성하였는데 실제성이 높고 유용한 담화를 활용하여 듣기와 읽기를 강화하고 학습자의 의사소통 능력을 향상하고자 하였습니다. 모든 말하기, 듣기, 읽기 내용을 교재 내 QR 코드를 활용한 음성 자료로 제시함으로써 학습자들이 쉽게 활용할 수 있도록 하였습니다.

쓰기 영역 역시 단계적으로 구성하여 학습자들이 과정 중심의 쓰기 활동을 통해 표현 능력을 향상할 수 있게 하였습니다. 또한 각 단원의 과제는 실제성을 고려하여 목표에 이르기까지 단계별 과정을 거쳐 완성도를 높였고 각 단원에서 학습한 어휘와 문법을 충분히 활용하여 익힐 수 있도록 하였습니다.

문화 영역은 그림이나 사진을 충분히 활용함으로써 초급 학습자들도 한국의 문화를 쉽게 이해할 수 있도록 하였는데 특히 실생활과 밀접한 내용을 담아 학습자들에게 유용하도록 구성하였을 뿐만 아니라 수동적인 문화 학습을 벗어나 학습자가 참여하여 이야기할 수 있도록 상호문화적인 내용도 담았습니다.

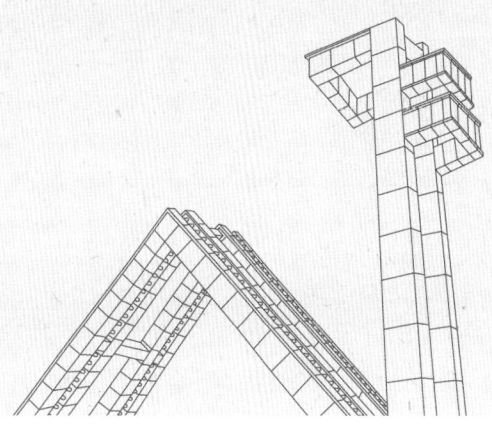

    발음은 필수적인 발음만 제시하고 이와 연계하여 복습에서 정리할 수 있도록 제시하였고, 영어권 학습자를 위해 지시문, 새 어휘, 대화문, 문법 설명을 영어로 번역하여 제시하였습니다.

    이 책이 나오기까지 정말 많은 분들의 수고가 있었습니다. 서울대학교 국어국문학과 장소원 교수님은 《서울대 한국어+》 1~6급 교재의 개발을 위한 사전 연구부터 시작해서 전체적인 작업을 총괄해 주셨고, 2급 교재의 집필을 총괄한 김현진 선생님을 비롯해서 김슬기, 이정민 선생님은 오랜 기간 원고 집필뿐 아니라 검토와 편집 작업에 깊이 관여하며 《서울대 한국어+》 2급 교재의 전체적인 모습을 완성해 주셨습니다. 또 2급 교재 전권의 내용을 일일이 챙겨 주신 김은애 교수님의 감수와 한재영 교수님, 최은규 교수님의 자문이 없었다면 지금과 같은 책의 완성도를 기대하기 어려웠음을 잘 알고 있습니다. 깊이 감사드립니다. 그리고 영어 번역을 맡아 주신 이소명 번역가와 번역 감수를 맡아 주신 UCLA 손성옥 교수님, 그리고 멋진 삽화 작업으로 빛나는 책을 만들어 주신 ㈜예성크리에이티브 분들께도 감사드립니다. 또 녹음을 담당해 주신 성우 김성연, 이상운 선생님과 2022년 봄학기에 미리 샘플 단원을 사용한 후 소중한 의견을 주신 2급의 김상희, 박영지, 오미남, 윤다인, 이희진, 장용원, 조경윤, 주은경 선생님께도 진심으로 감사의 말씀을 드립니다. 마지막으로 학술 도서와 성격이 다른 한국어 교재의 출판을 결정하고 물심양면으로 지원해 주신 서울대학교출판문화원 이준웅 원장님과, 힘든 과정을 감수하신 관계자분들께 깊이 감사드립니다.

2022년 11월
서울대학교 언어교육원 원장
이호영

Preface

SNU Korean⁺ was developed with the goal of improving Korean language skills among Korean learners in an efficient and step-by-step manner, based on the extensive educational experience of the Seoul National University Language Education Institute. This series is designed for learners and is meant to encourage proactive learning in order to help Korean learners improve their speaking, listening, reading, and writing skills, as well as their production and comprehension of the Korean language.

SNU Korean⁺ Student's Book 2A is intended for Korean learners who have completed 200 hours of classroom instruction or have equivalent Korean proficiency in developing their Korean with familiar topics and content through a regular course of approximately 200 hours of classroom instruction. This textbook begins with a section on vocabulary that gives students the opportunity to study and pick up on the meaning of specific phrases by presenting the vocabulary for each topic in which visuals are used to aid in the understanding of the vocabulary.

Instead of including grammar and expressions like in standard textbooks, a grammar book was created separately so that learners could initially learn grammar and expressions from this book before internalizing them through the activities in the Student's Book.

By emphasizing speaking exercises, learners can apply their newly acquired grammar and vocabulary in real-life situations. Additionally, listening and reading exercises are structured to go through the pre-mid-post stages and incorporate practical conversations to enhance reading and listening. All speaking, listening, and reading contents are presented in the textbook as audio files via QR codes so that learners can easily access them.

Writing is also divided into stages, allowing learners to improve their expressive skills through process-oriented writing activities. Furthermore, the exercises in each unit have been enhanced by using a step-by-step manner to achieve goals while considering practicality and allowing learners to fully utilize the vocabulary and grammar they learned in each unit.

The culture section utilizes illustrations and photos so that even beginning learners can easily grasp the Korean culture. It contains content that is directly tied to real-life scenarios that are valuable for learners, as well as intercultural content that allows them to actively participate in the dialogue.

Only essential pronunciations are shown so learners can easily review them. Instructions, new vocabulary, dialogue, and grammatical explanations are translated and presented in English for English-speaking learners.

A lot of dedication went into the publication of this book. I would like to express my sincere gratitude to everyone who contributed to this project. Thank you to Seoul National University Professor Chang Sowon at the Department of Korean Language and Literature, for overseeing the entire project, beginning with the preliminary research for the development of **SNU Korean⁺** Levels 1-6, Seoul National University LEI Instructor Kim Hyun Jean, for editing the authoring of Level 2, and Seoul National University LEI Instructors Kim Sulki and Lee Jeong Min, for writing, reviewing, and editing the manuscript to produce the overall completion of **SNU Korean⁺** Level 2. My deepest thanks to supervisor former Seoul National University LEI Professor Kim Eun Ae, for supervising Level 2; and consultants Hanshin University Honorary Professor Han Jae Young and former Seoul National University LEI Professor Choi Eunkyu because the Level 2 textbooks could not have been developed without their help. Thanks to translator Lee Susan Somyung, translation supervisor UCLA Professor Sohn Sung-Ock, and the YESUNG Creative artists for the stunning illustrations. Many thanks to the voice actors Kim Seongyeon and Lee Sangun, along with Seoul National University LEI Level 2 Instructors Kim Sanghee, Park Youngji, Oh Minam, Yoon Dyne, Lee Heejin, Jang Yongwon, Cho Kyungyoon, and Chu Eunkyung, for providing insightful feedback after using the sample unit as a pilot in the spring semester of 2022. Lastly, a special thanks to Seoul National University Press Director June Woong Rhee for providing financial and spiritual support and deciding to publish these Korean textbooks, as well as everyone for working tirelessly on this project.

November 2022
Lee Hoyoung
Executive Director
Language Education Institute, Seoul National University

 **일러두기** How to Use This Book

《서울대 한국어⁺ Student's Book 2A》는 1~9단원으로 이루어져 있고 각 단원은 두 과로 구성되어 있다. 1과는 '어휘, 말하기 1·2·3, 듣기 1·2', 2과는 '어휘, 읽기 1·2, 쓰기, 과제, 문화, 발음, 자기 평가'로 이루어져 있으며 각 과는 4시간 수업용으로 구성되었다.

SNU Korean⁺ Student's Book 2A consists of Units 1-9. Each unit has two lessons–Lesson 1: Vocabulary, Speaking 1, 2, 3, Listening 1, 2, and Lesson 2: Vocabulary, Reading 1, 2, Writing, Task, Culture, Pronunciation, and Self-Check. Each lesson amounts to 4 hours of classwork.

단원의 주제와 관련된 그림과 질문을 보고 해당 과의 주제에 대해 생각해 볼 수 있도록 구성하였다. 질문을 이해하고 답을 생각하면서 배경지식을 활성화하고 학습 목표와 내용을 인지할 수 있다.

The book is designed so that learners can think about the topic of the lesson by looking at the pictures and questions related to the topic of the unit. By understanding the questions and thinking about the answers, learners can activate their background knowledge and recognize learning goals and subject matter.

어휘 Vocabulary

주제별로 선정된 목표 어휘를 그림과 함께 제시하여 의미를 유추할 수 있도록 구성하였다. 초급의 경우 영문 번역을 함께 제시하여 학습자의 이해를 돕고자 하였다.

The target vocabulary selected for each topic is presented with pictures so learners can infer the meaning. For the beginning levels, English translation is provided to help with learners' understanding.

어휘를 사용하여 간단한 질문에 답을 해 보면서 어휘의 형태적, 의미적 지식을 확인하게 한다.

By using vocabulary to answer simple questions, learners can confirm their morphological and semantic knowledge of it.

말하기 Speaking

해당 과의 목표 문법과 표현 및 주제 어휘를 내재화할 수 있도록 대화문에 포함하여 제시하였다. 말하기는 1, 2, 3단계로 구성된다. 구체적으로는 목표 문법과 표현 및 주제 어휘를 포함한 대화문으로 교체 연습을 하는 '말하기 1·2'와 담화 연습인 '말하기 3'으로 이루어져 있다.

The unit's target grammar, expression, and topic vocabulary are included and presented in the dialogue for learners to internalize them. Speaking consists of 1, 2, and 3. Speaking 1 and 2 are set up as replacement practices for the target grammar and topic vocabulary, respectively, while Speaking 3 is conversational dialogue.

말하기 1·2 Speaking 1, 2

어휘와 표현을 교체하여 목표 문법과 표현을 정확하게 익히고 '말하기 3'을 준비할 수 있도록 한다.

By substituting the vocabulary and expressions, learners can accurately learn the target grammar and expressions as well as prepare for Speaking 3.

말하기 3 Speaking 3

해당 과의 주제에 대한 대화문으로 학습자가 직접 구어 담화를 구성하는 연습으로 이어지도록 하였다.

As a dialogue of the unit's topic, it helps learners practice composing oral discourse on their own.

학습자가 유의미한 담화를 구성할 수 있도록 2~3개의 상황 예시를 그림으로 제시하고 제시어를 보기로 주어 학습자가 유창하게 말할 수 있는 연습을 하도록 한다.

To help learners formulate meaningful discourse, 2-3 situational examples are presented through pictures, and words are provided so learners can practice speaking fluently.

발음 주의해야 할 발음을 간단히 제시하여 발음의 정확성과 유창성을 높이도록 구성하였다.

Pronunciation Simple pronunciation tips are offered to increase accuracy and fluency.

듣기 Listening

'준비', '듣기 1·2'와 '말하기' 활동으로 구성된다.
This section is composed of Warm-up, Listening 1, 2, and Speaking.

준비 Warm-up

듣기 전 단계로, 들을 내용을 예측할 수 있는 질문이나 사진, 삽화 등을 제시하여 학습자의 배경지식을 활성화한다.

As the pre-listening stage, learners' background knowledge is activated by presenting questions, photos, and illustrations that learners can predict what they will hear.

듣기 Listening

듣기 단계는 듣기 1과 2로 구성하되 난이도에 따라 제시하였고 실제적이고 다양한 종류의 듣기 자료를 제시하여 학습자의 의사소통 능력 향상에 도움을 주고자 하였다. 듣기 단계에서는 들은 내용을 확인하는 문제를 제시하여 학습자 스스로 이해도를 점검해 볼 수 있도록 하였다.

Listening 1, 2 have been presented according to the level of difficulty, and practical and various listening materials are offered to help learners improve their communication skills. There are questions for learners to answer to confirm their listening skills and level of understanding.

말하기 Speaking

듣기 후 단계에서는 듣기의 주제 및 기능과 연계된 짧은 담화를 구성하게 하여 의사소통 능력을 향상하도록 하였다.

In the post-listening stage, it helps learners improve their communication skills by having them compose short discourses related to the topic and functions of listening.

읽기 Reading

'준비', '읽기 1·2'와 '말하기' 활동으로 구성된다.
This section is composed of Warm-up, Reading 1, 2, and Speaking.

준비 Warm-up

읽기 전 단계로, 읽을 내용을 예측할 수 있는 질문이나 사진, 삽화 등을 제시하여 학습자의 배경지식을 활성화한다.

As the pre-reading stage, learners' background knowledge is activated by presenting questions, photos, and illustrations that learners can predict what they will read.

읽기 Reading

읽기 단계는 목표 문법과 표현이 포함된 읽기 1과 2로 구성하되 난이도에 따라 제시하였다. 또한 학습자의 수준에 맞는 실제적이고 다양한 종류의 텍스트를 제시한다. 또한 읽은 내용을 확인하는 문제를 제시하여 학습자 스스로 이해도를 점검해 볼 수 있도록 하였다.

Reading 1, 2 include the target grammar and expressions that have been presented according to the level of difficulty. In addition, practical and diverse types of texts appropriate for learners' level are shown. There are questions so learners can confirm the content of what they read and check their own level of understanding.

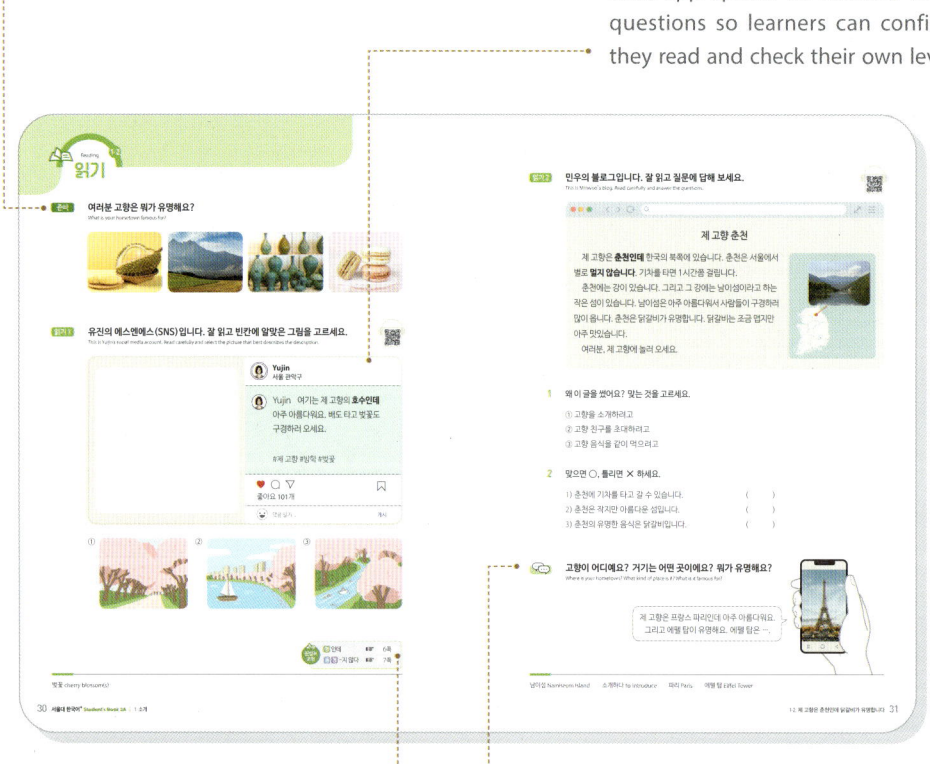

문법과 표현 Grammar & Expression

학습자들이 문법과 표현을 참고할 수 있도록 별도로 구성된 책의 해당 페이지를 표시하였다.

For learners to refer to the grammar and expressions, the corresponding pages of the separately composed grammar explanation book are marked.

말하기 Speaking

읽기 후 단계로, 읽기의 주제 및 기능과 연계된 담화를 구성해 보게 하였다. 또한 말하기 활동은 쓰기의 개요 구성으로 연결되어 쓰기와의 연계성을 높였다.

As the post-reading stage, learners will be able to speak about the topic and function of reading. Furthermore, speaking activities are connected to writing to increase their association.

쓰기 Writing

준비 Warm-up

쓰기 전 단계로, 실제 쓸 내용에 대한 개요를 작성해 보거나 쓸 내용을 구성할 수 있도록 생각을 여는 질문을 제시한다.

As the pre-writing stage, questions are presented so learners can write an outline or summary before the actual writing exercise.

쓰기 Writing

준비 단계에서 작성한 개요를 바탕으로 과정 중심 글쓰기 활동이 이루어지도록 구성하였다. 읽기 텍스트와 유사한 종류의 글을 쓰도록 구성하여 학습자들의 담화 쓰기 능력을 향상하고자 하였다.

Based on the outline written in Warm-up, process-oriented writing activities are carried out. It is intended to improve learners' discourse writing ability by composing similar types to that of the reading text.

과제 Task

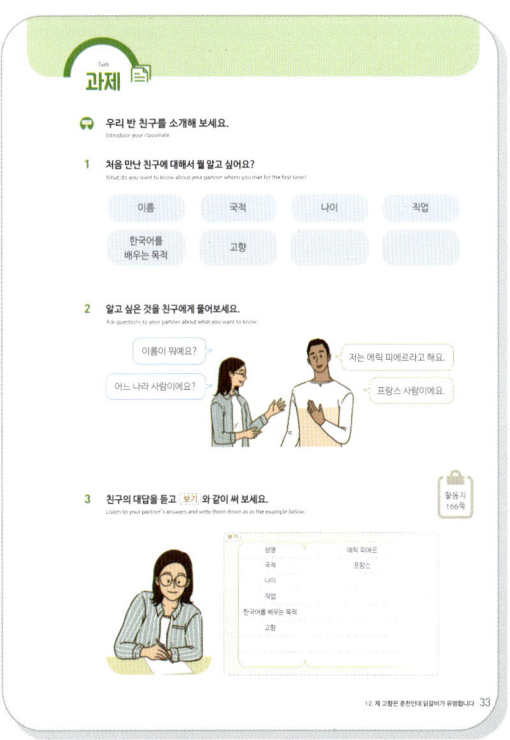

'준비'와 '쓰기' 활동으로 구성된다.

3~4단계의 문제 해결형 과제로 구성된다. 학습자 간의 상호 작용을 통해 해당 단원에서 학습한 주제 어휘와 목표 문법을 내재화하고 언어 사용의 유창성을 키운다.

This section is composed of 3-4 problem-solving exercises. Through interactions among classmates, learners can internalize the topic vocabulary and target grammar learned in the unit and increase their fluency in the language.

문화 Culture

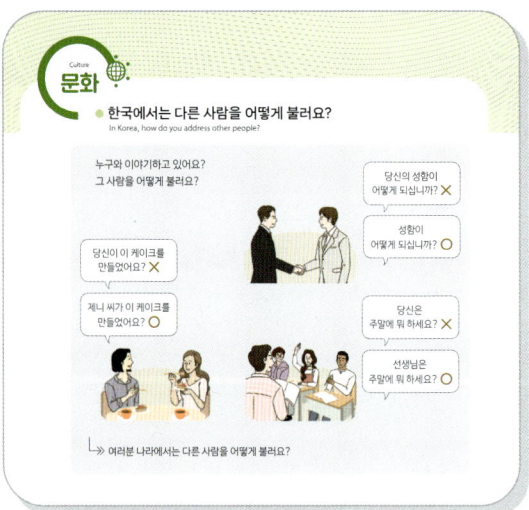

단원의 주제와 관련 있는 한국 문화 내용을 그림이나 사진과 함께 간단한 질문으로 제시하여 한국 문화에 대한 이해를 넓힐 수 있게 구성하였고 상호 문화적인 접근이 가능하도록 하였다.

The content of the Korean culture related to the topic of the unit is presented in simple questions along with illustrations or pictures so that learners can broaden their understanding of the Korean culture. Furthermore, cross-cultural approaches are made possible.

발음 및 자기 평가 Pronunciation and Self-Check

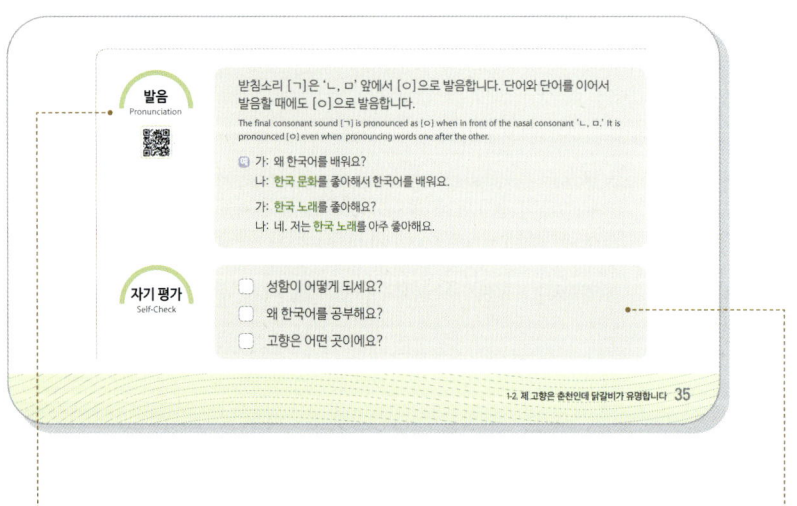

발음 Pronunciation

단원의 '말하기 3'과 관련 있는 음운 현상을 확인하고 대화 상황에서 연습하게 하였다.

Learners will verify the unit's Speaking 3 related phonological phenomenon and practice in a conversational situation.

자기 평가 Self-Check

단원에서 학습한 어휘와 문법을 사용하여 질문에 답함으로써 학습 목표를 달성하였는지를 학습자 스스로 확인해 보도록 구성하였다.

By answering questions using the vocabulary and grammar learned in the unit, learners can check whether or not the learning goal has been achieved.

차례 Table of Contents

머리말 Preface	• 2
일러두기 How to Use This Book	• 6
교재 구성표 Scope and Sequence	• 14
등장인물 Characters	• 18

1단원 소개 Introduction
- 1-1. 한국어를 배우려고 한국에 왔어요 • 22
  I came to Korea to learn Korean
- 1-2. 제 고향은 춘천인데 닭갈비가 유명합니다 • 28
  My hometown is Chuncheon, and it is famous for dakgalbi

2단원 취미 Hobby
- 2-1. 저는 요리하는 걸 좋아해요 • 38
  I like to cook
- 2-2. 매주 금요일이나 토요일에 모입니다 • 44
  We meet every week either on Friday or Saturday

3단원 여행 경험 Travel Experiences
- 3-1. 부산에 가 봤어요? • 54
  Have you been to Busan?
- 3-2. 1박 2일 동안 전주에 갔다 왔어요 • 60
  I went to Jeonju for 2 days & 1 night

4단원 쇼핑 Shopping
- 4-1. 이거보다 더 긴 거 있어요? • 70
  Is there something longer than this?
- 4-2. 지난주에 산 운동화를 교환하고 싶습니다 • 76
  I want to exchange the sneakers I bought last week

5단원 우체국과 은행 Post Offices & Banks
- 5-1. 소포를 보내려고 왔는데요 • 86
  I'm here to send a package
- 5-2. 비밀번호를 눌러 주세요 • 92
  Please enter your password

6단원 하루 일과 Daily Routine
- 6-1. 토요일마다 청소를 해요 • 102
  I clean every Saturday
- 6-2. 수업이 끝난 후에 인사동에 갔어요 • 108
  I went to Insa-dong after class

7단원 길 찾기 Getting Directions
- 7-1. 서울대학교까지 얼마나 걸릴까요? • 118
  How long would it take to get to Seoul National University?
- 7-2. 영화관이 어디에 있는지 아세요? • 124
  Do you know where the movie theater is?

8단원 모임 Gathering
- 8-1. 축하 파티를 하기로 했어요 • 134
  We're going to throw a celebration party
- 8-2. 제가 먹을 것을 준비할게요 • 140
  I'll prepare something to eat

9단원 건강한 생활 Healthy Life
- 9-1. 약을 먹는 게 어때요? • 150
  How about taking some medicine?
- 9-2. 목이 부은 것 같아요 • 156
  I think my throat is swollen

부록 Appendix • 165

교재 구성표 Scope and Sequence

	단원 제목 Unit Title	어휘 Vocabulary	기능별 활동 Skills
1. 소개 Introduction	1-1. 한국어를 배우려고 한국에 왔어요 I came to Korea to learn Korean	개인 정보, 공부 목적 Personal information, Purpose of study	**말하기 Speaking** • 자기소개 하기 Introducing yourself
	1-2. 제 고향은 춘천인데 닭갈비가 유명합니다 My hometown is Chuncheon, and it is famous for dakgalbi	고향, 정도 부사 Hometown, Adverbs of degree	**읽기 Reading** • 고향에 대한 에스엔에스(SNS) 글 읽기 Hometown social media post • 고향을 소개하는 글 읽기 Introduction about your hometown
2. 취미 Hobby	2-1. 저는 요리하는 걸 좋아해요 I like to cook	취미 Hobby	**말하기 Speaking** • 취미에 대해 묻고 답하기 Hobbies Q&A
	2-2. 매주 금요일이나 토요일에 모입니다 We meet every week either on Friday or Saturday	동호회, 시간 부사 Clubs, Adverbs of time	**읽기 Reading** • 동호회 모집 광고 읽기 Club recruitment advertisement
3. 여행 경험 Travel Experiences	3-1. 부산에 가 봤어요? Have you been to Busan?	여행 ① Travel ①	**말하기 Speaking** • 여행 경험 이야기하기 Travel experiences
	3-2. 1박 2일 동안 전주에 갔다 왔어요 I went to Jeonju for 2 days & 1 night	여행 ②, 기간 Travel ②, Period	**읽기 Reading** • 여행 계획에 대한 메시지 읽기 Text message about travel plans • 여행 경험에 대한 글 읽기 Travel experiences
4. 쇼핑 Shopping	4-1. 이거보다 더 긴 거 있어요? Is there something longer than this?	쇼핑 ① Shopping ①	**말하기 Speaking** • 가게에서 상품 구매하기 Purchasing products in the store
	4-2. 지난주에 산 운동화를 교환하고 싶습니다 I want to exchange the sneakers I bought last week	쇼핑 ② Shopping ②	**읽기 Reading** • 할인 광고 읽기 Sales advertisement • 교환에 대해 문의하는 글 읽기 Exchange inquiry postings

기능별 활동 Skills	문법과 표현 Grammar & Expression	과제 Task	문화 Culture	발음 Pronunciation
듣기 Listening • 한국어 공부 목적에 대한 대화 듣기 Conversation about the purpose of studying Korean • 소개받은 사람과의 대화 듣기 Conversation with the person you are introduced to **쓰기 Writing** • 고향을 소개하는 글 쓰기 Introduction about your hometown	• 명(이)라고 하다 • 동-(으)려고 • 명인데 • 동형-지 않다	반 친구 소개하기 Introducing a classmate	한국어의 호칭 How to address people in Korea	비음화 1 Nasalization 1
듣기 Listening • 취미에 대한 대화 듣기 Conversation about hobbies **쓰기 Writing** • 동호회 모집 광고 쓰기 Club recruitment advertisement	• 동-는 것 • 동-(으)ㄹ 줄 알다/모르다 • 명(이)나 1 • 동-거나	동호회 회원 모집하기 Recruiting club members	한국인의 취미 Hobbies of Koreans	경음화 1 Glottalization 1
듣기 Listening • 여행 광고 듣기 Travel advertisement • 여행지에 대한 대화 듣기 Conversation about a travel destination **쓰기 Writing** • 여행 경험에 대한 글 쓰기 Travel experiences	• 동-아/어 보다 • 동형-(으)니까, 명(이)니까 • 명 동안 • 동-고 나서	여행 경험 발표하기 Presenting travel experiences	코레일 패스 KORAIL Pass	경음화 2 Glottalization 2
듣기 Listening • 가게에서 상품을 구매하는 대화 듣기 Conversation about purchasing products in the store • 구매한 상품에 대한 대화 듣기 Conversation about the product you purchased **쓰기 Writing** • 교환이나 환불에 대해 문의하는 글 쓰기 Exchange or refund inquiry posting	• 동-는 것 같다, 형-(으)ㄴ 것 같다, 명인 것 같다 • 명보다 • 동-(으)ㄴ 명 • 명(으)로	교환, 환불하기 Exchanging, getting a refund	한국의 유명한 시장 Famous markets of Korea	겹받침 '래'의 발음 Double final consonants '래'

단원 제목 Unit Title		어휘 Vocabulary	기능별 활동 Skills
5. 우체국과 은행 Post Offices & Banks	5-1. 소포를 보내려고 왔는데요 I'm here to send a package	우체국 Post office	**말하기** Speaking • 우체국 직원과 대화하기 Having a conversation with a post office employee
	5-2. 비밀번호를 눌러 주세요 Please enter your password	은행 Bank	**읽기** Reading • 에이티엠(ATM) 출금 화면 읽기 ATM withdrawal screen • 은행을 이용한 경험에 대한 글 읽기 Passage about an experience at a bank
6. 하루 일과 Daily Routine	6-1. 토요일마다 청소를 해요 I clean every Saturday	집안일 Household chores	**말하기** Speaking • 집안일 분담하는 대화하기 Dividing up household chores
	6-2. 수업이 끝난 후에 인사동에 갔어요 I went to Insa-dong after class	하루 일과 Daily routine	**읽기** Reading • 약속을 정하는 메시지 읽기 Text message about making plans • 일기 읽기 Diary
7. 길 찾기 Getting Directions	7-1. 서울대학교까지 얼마나 걸릴까요? How long would it take to get to Seoul National University?	교통 ① Transportation ①	**말하기** Speaking • 길 설명하기 Giving directions
	7-2. 영화관이 어디에 있는지 아세요? Do you know where the movie theater is?	교통 ② Transportation ②	**읽기** Reading • 길을 안내하는 글 읽기 Directions on how to get somewhere
8. 모임 Gathering	8-1. 축하 파티를 하기로 했어요 We're going to throw a celebration party	모임 ① Gathering ①	**말하기** Speaking • 모임 초대하기 Inviting for a gathering
	8-2. 제가 먹을 것을 준비할게요 I'll prepare something to eat	모임 ② Gathering ②	**읽기** Reading • 모임 준비에 대한 메시지 읽기 Text message about preparations for a gathering • 생일 파티에 초대하는 글 읽기 Birthday party invitation
9. 건강한 생활 Healthy Life	9-1. 약을 먹는 게 어때요? How about taking some medicine?	증상 ①, 약 Symptoms ①, Medicine	**말하기** Speaking • 증상 설명하기 Describing symptoms • 조언하기 Advising
	9-2. 목이 부은 것 같아요 I think my throat is swollen	증상 ②, 병원 Symptoms ②, Hospital	**읽기** Reading • 병원을 추천하는 메시지 읽기 Text message about hospital recommendation • 온라인 건강 상담 글 읽기 Online health consultation

기능별 활동 Skills	문법과 표현 Grammar & Expression	과제 Task	문화 Culture	발음 Pronunciation

듣기 Listening
• 택배 기사와의 전화 대화 듣기
  Phone conversation with a courier
• 우체국에서의 대화 듣기
  Conversation in a post office
	• 동-는데요,
	  형-(으)ㄴ데요,
	  명인데요
	• 동형-(으)ㄹ 거예요
		통장과 체크카드 만들기
		Opening a bankbook and debit card
			한국의 우체국
			Post offices of Korea
				의문문의 억양
				Intonation when asking questions

쓰기 Writing • 은행이나 우체국을 이용한 경험에 대한 글 쓰기 Experience at a bank or post office	• '르' 불규칙 • 동-(으)면 되다			
듣기 Listening • 집안일에 대한 대화 듣기 Conversation about dividing up household chores	• 명마다 • 동-(으)ㄹ게요	친구와 만날 계획 세우기 Making plans to meet up with a friend	쓰레기 분리배출 Waste sorting & disposal	경음화 3 Glottalization 3
쓰기 Writing • 일기 쓰기 Diary	• 동-기 전에 • 동-(으)ㄴ 후에			

듣기 Listening
• 택시 기사와의 대화 듣기
  Conversation with a taxi driver
• 교통 상황에 대한 전화 대화 듣기
  Phone conversation about traffic conditions
	• 동형-(으)ㄹ까요?
	• 동형-(으)ㄹ 것 같다,
	  명일 것 같다
		동네 소개하기
		Introducing your neighborhood
			한국의 교통약자 배려석
			Priority seats of Korea
				'ㅎ'소리 약화
				'ㅎ' Lenition

쓰기 Writing
• 길을 안내하는 글 쓰기
  Directions on how to get somewhere
	• 동-는지 알다/모르다,
	  명인지 알다/모르다
	• 동-다가			

듣기 Listening
• 집들이에 대한 대화 듣기
  Conversation about a housewarming
• 송별회에 대한 대화 듣기
  Conversation about a farewell party
	• 동-기로 하다
	• 동-(으)ㄹ까 하다
		모임 계획 세우기
		Planning for a gathering
			한국의 모임 문화
			Gathering culture of Korea
				구개음화
				Palatalization

쓰기 Writing • 초대하는 글 쓰기 Invitation	• 동-(으)ㄹ 명 • 동형-(으)ㄹ 테니까			

듣기 Listening
• 증상에 대한 대화 듣기
  Conversation about symptoms
• 병원에서의 대화 듣기
  Conversation in a hospital
	• 형-아/어 보이다
	• 동-는 게 어때요?
		의사와 환자 역할극하기
		Role-playing as doctor and patient
			편의점에서 구매할 수 있는 약
			Medicine you can purchase at a convenience store
				유기음화 1
				Aspiration 1

쓰기 Writing • 건강에 대해 상담하는 글 쓰기 Consultation about health	• 'ㅅ' 불규칙 • 동-(으)ㄴ 것 같다			

닛쿤 태국, 연예인 연습생

이유진 한국, 회사원

하이 베트남, 회사원

아야나 말레이시아, 작가

안나 러시아, 화가

다니엘 미국, 대학원생

에릭 프랑스, 운동선수

자밀라 우즈베키스탄, 모델

1 소개 Introduction

1-1 한국어를 배우려고 한국에 왔어요

1-2 제 고향은 춘천인데 닭갈비가 유명합니다

1 처음 만나면 무슨 이야기를 해요?
2 여러분의 고향은 뭐가 유명해요?

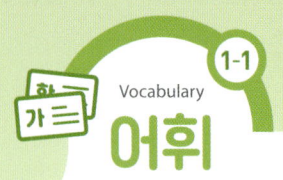

1-1 한국어를 배우려고 한국에 왔어요
I came to Korea to learn Korean

성명	한글	왕 나나	사진	
	영어	Nana Wang		
국적		중국		
생년월일		1997년 5월 4일	성별	☐ 남 ☑ 여
연락처	이메일	nana@snulei.com		
	전화번호	010-0880-5488		
	주소	서울시 관악구 관악로 1		
한국어를 배우는 목적		☐ 입학 ☐ 취직 ☐ 사업 ☐ 여행 ☑ 취미		

성명 full name   국적 nationality   생년월일 date of birth
성별 gender   연락처 contact information   이메일 email   목적 purpose

이야기해 보세요

▶ 학생 카드를 보면 뭘 알 수 있어요?
▶ 왜 한국어를 배워요?

입학하다

취직하다

사업하다

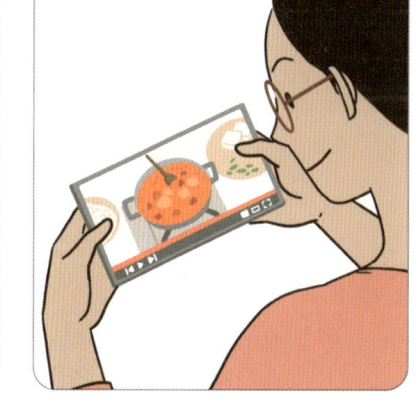
취미

입학하다 to be admitted to school
취직하다 to get a job
사업하다 to do business
취미 hobby

Speaking 1-1

말하기 1 친구와 연습해 보세요.
Practice with your partner.

가: 안녕하세요?
　　저는 마리라고 합니다.
나: 반갑습니다.
　　저는 엥흐입니다.

1)
　　이유진　크리스

2)
　　나나　닛쿤

3)
　　에릭　자밀라

말하기 2 친구와 연습해 보세요.
Practice with your partner.

가: 아야나 씨는 왜 한국에 왔어요?
나: 저는 한국어를 배우려고 한국에 왔어요.
　　크리스 씨는요?
가: 저는 여행하러 왔어요.

안녕하세요?

1)
한국 친구를 만나다

2)
한국 회사에서 일하다

3) 대학교에 입학하다

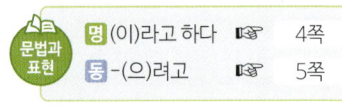

문법과 표현
명 (이)라고 하다　☞　4쪽
동 -(으)려고　☞　5쪽

24　서울대 한국어+ Student's Book 2A | 1. 소개

말하기 3 친구와 이야기해 보세요.
Talk with your partner.

하이: 안녕하세요? 저는 하이입니다.
안나: 저는 안나 이바노바라고 합니다. 반갑습니다.
하이: 반갑습니다, 안나 이바노바 씨.
안나: 그냥 안나라고 부르세요. 그런데 하이 씨는 왜 한국어를 배우세요?
하이: 저는 한국 회사에 취직하려고 한국어를 공부해요.
안나: 아, 네. 저는 한국 문화를 좋아해서 한국어를 배워요.

> **발음**
> • 한국 문화를 [한궁문화]

1)
한국 회사에 취직하다

2)

3)

부르다 to call

준비 왜 한국어를 배워요?
Why are you learning Korean?

듣기 1 엥흐와 제니의 대화입니다. 잘 듣고 학생 카드를 완성해 보세요.
This is a conversation between Enkh and Jenny. Listen carefully and complete the student card.

1)
성명	바야르 엥흐
국적	

한국어를 배우는 목적
☐ 입학 ☐ 취직 ☐ 사업
☐ 여행 ☐ 취미

2)
성명	제니 김
국적	

한국어를 배우는 목적
☐ 입학 ☐ 취직 ☐ 사업
☐ 여행 ☐ 취미

 여러분은 왜 한국어를 배워요?
Why are you learning Korean?

저는 한국 회사에 취직하려고 한국어를 배워요.

준비 처음 만나는 사람하고 무슨 이야기를 해요?
What do you talk about when you meet someone for the first time?

학교   나이   국적

이름   취미   ?

듣기 2 에릭과 민우, 마리의 대화입니다. 잘 듣고 질문에 답해 보세요.
This is a conversation between Eric, Minwoo, and Mari. Listen carefully and answer the questions.

1. 대화에 알맞은 그림을 고르세요.

2. 맞는 것을 고르세요.

① 여자의 남편은 한국 사람입니다.
② 여자는 두 남자와 처음 만났습니다.
③ 여자는 한국학을 공부하려고 합니다.

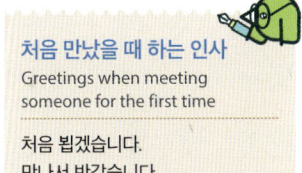

자기소개를 해 보세요.
Introduce yourself.

처음 뵙겠습니다. 저는 에릭이라고 합니다.
프랑스에서 왔습니다.
저는 대학원에서 공부하고 있습니다.
저는 친구들과 한국어로 이야기하려고
한국어를 배웁니다. 여러분을 만나서 반갑습니다.

한국학 Korean Studies   뵙다 to meet/see (humble expression)

제 고향은 춘천인데 닭갈비가 유명합니다
My hometown is Chuncheon, and it is famous for dakgalbi

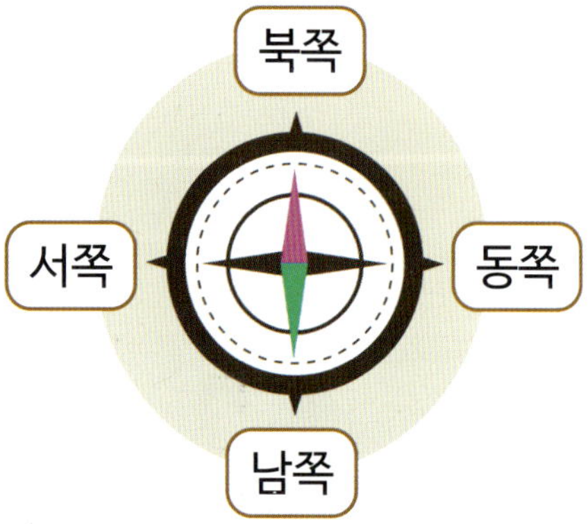

북쪽
서쪽 동쪽
남쪽

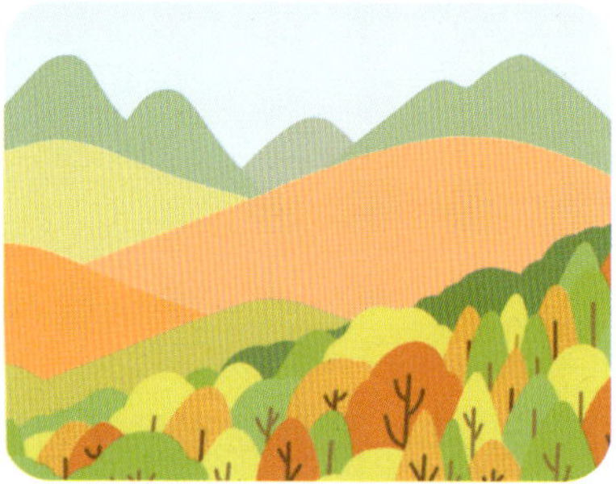

산 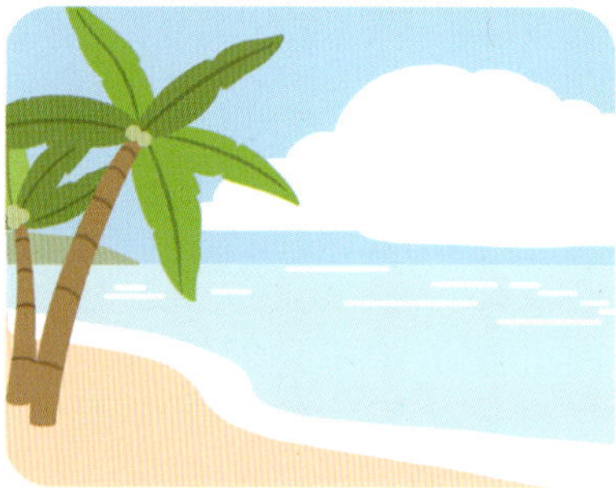 바다

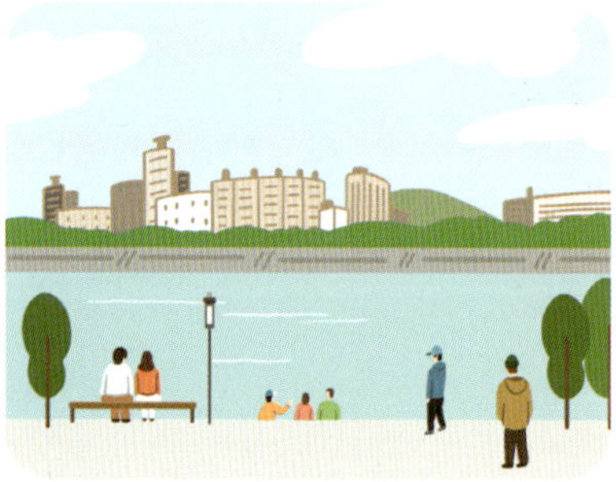

강 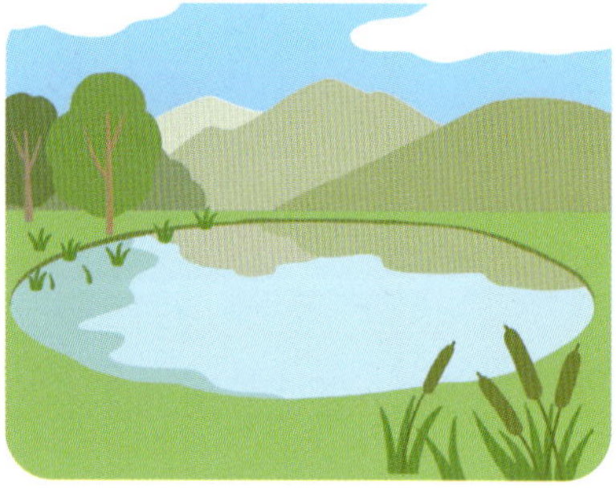 호수

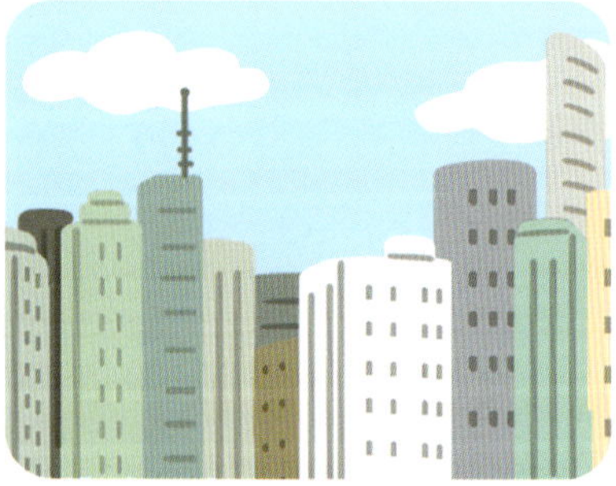

도시 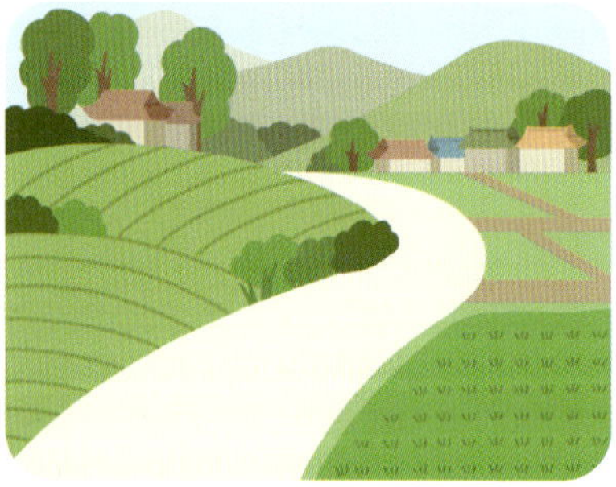 시골 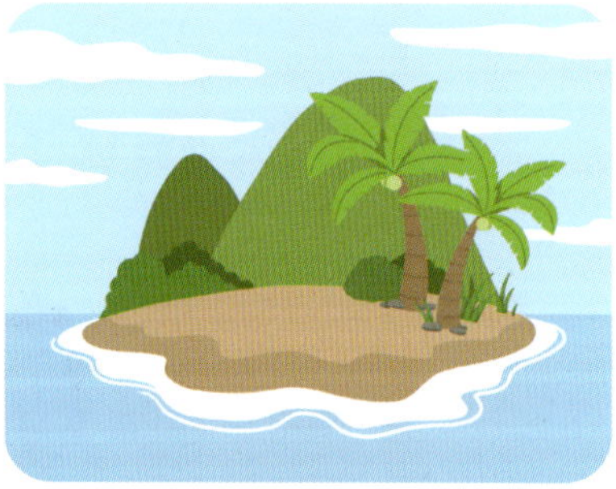 섬

동쪽 east   서쪽 west   남쪽 south   북쪽 north
강 river   호수 lake   도시 city   시골 countryside   섬 island

이야기해 보세요

▶ 고향이 어디예요? 고향에 뭐가 있어요?
▶ 여러분 고향에 과일이 많이 있어요?
　여러분은 과일을 좋아해요?

| 아주 | 별로 | 전혀 |

아주 very　　별로 not many/much　　전혀 not at all

Reading 읽기 1-2

준비 여러분 고향은 뭐가 유명해요?
What is your hometown famous for?

읽기 1 유진의 에스엔에스(SNS)입니다. 잘 읽고 빈칸에 알맞은 그림을 고르세요.
This is Yujin's social media account. Read carefully and select the picture that best describes the description.

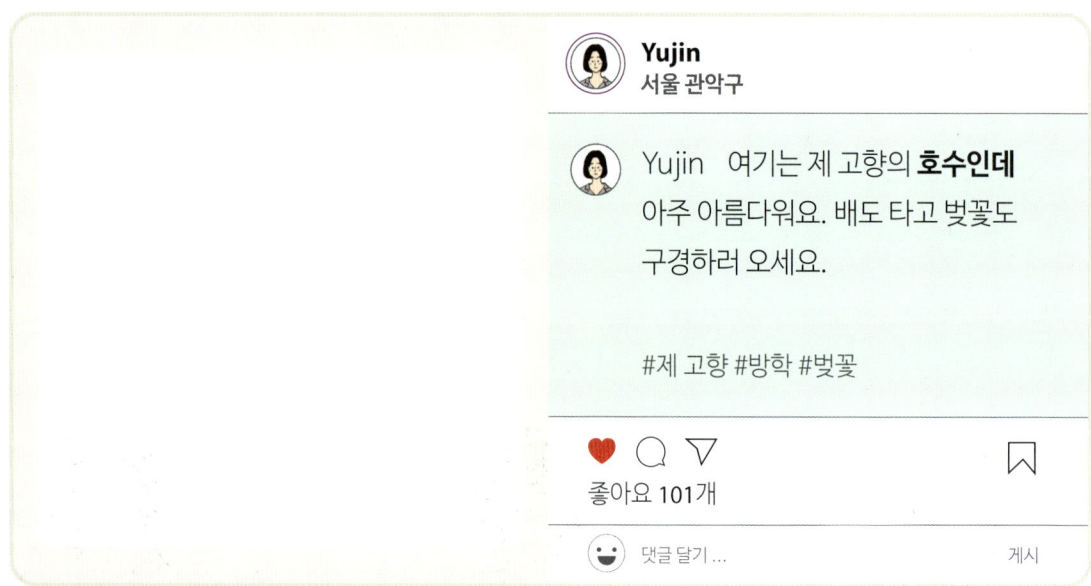

①    ②    ③

문법과 표현	명인데	☞ 6쪽
	동형-지 않다	☞ 7쪽

벚꽃 cherry blossom(s)

읽기 2 민우의 블로그입니다. 잘 읽고 질문에 답해 보세요.
This is Minwoo's blog. Read carefully and answer the questions.

제 고향 춘천

제 고향은 **춘천인데** 한국의 북쪽에 있습니다. 춘천은 서울에서 별로 **멀지 않습니다**. 기차를 타면 1시간쯤 걸립니다.

춘천에는 강이 있습니다. 그리고 그 강에는 남이섬이라고 하는 작은 섬이 있습니다. 남이섬은 아주 아름다워서 사람들이 구경하러 많이 옵니다. 춘천은 닭갈비가 유명합니다. 닭갈비는 조금 맵지만 아주 맛있습니다.

여러분, 제 고향에 놀러 오세요.

1 왜 이 글을 썼어요? 맞는 것을 고르세요.

① 고향을 소개하려고
② 고향 친구를 초대하려고
③ 고향 음식을 같이 먹으려고

2 맞으면 ○, 틀리면 ✗ 하세요.

1) 춘천에 기차를 타고 갈 수 있습니다.   (   )
2) 춘천은 작지만 아름다운 섬입니다.   (   )
3) 춘천의 유명한 음식은 닭갈비입니다.   (   )

고향이 어디예요? 거기는 어떤 곳이에요? 뭐가 유명해요?
Where is your hometown? What kind of place is it? What is it famous for?

> 제 고향은 프랑스 파리인데 아주 아름다워요. 그리고 에펠 탑이 유명해요. 에펠 탑은 ….

남이섬 Namiseom Island   소개하다 to introduce   파리 Paris   에펠 탑 Eiffel Tower

Writing 쓰기 1-2

준비 고향에 대해서 소개하고 싶은 것이 있어요? 메모해 보세요.
Is there anything you would like to introduce about your hometown? Write down your notes.

고향	고향이 어디예요? (이름, 위치, 가는 방법 …)	
소개하고 싶은 곳	소개하고 싶은 곳이 어디예요? 어떤 곳이에요?	
유명한 것	뭐가 유명해요? (음식, 동물, 옷 …)	
하고 싶은 말	고향에 대해서 더 하고 싶은 말이 있어요?	

쓰기 고향을 소개하는 글을 써 보세요.
Write a passage introducing your hometown.

제 고향 _____

위치 location   방법 way   동물 animal   에 대해서 about

우리 반 친구를 소개해 보세요.
Introduce your classmate.

1 처음 만난 친구에 대해서 뭘 알고 싶어요?
What do you want to know about your partner whom you met for the first time?

- 이름
- 국적
- 나이
- 직업
- 한국어를 배우는 목적
- 고향

2 알고 싶은 것을 친구에게 물어보세요.
Ask questions to your partner about what you want to know.

- 이름이 뭐예요?
- 어느 나라 사람이에요?
- 저는 에릭 피에르라고 해요.
- 프랑스 사람이에요.

3 친구의 대답을 듣고 보기 와 같이 써 보세요.
Listen to your partner's answers and write them down as in the example below.

활동지 166쪽

보기	
성명	에릭 피에르
국적	프랑스
나이	
직업	
한국어를 배우는 목적	
고향	

4 그 친구를 소개해 보세요.
Introduce the partner.

한국에서는 다른 사람을 어떻게 불러요?
In Korea, how do you address other people?

누구와 이야기하고 있어요?
그 사람을 어떻게 불러요?

- 당신의 성함이 어떻게 되십니까? ✗
- 성함이 어떻게 되십니까? ○
- 당신이 이 케이크를 만들었어요? ✗
- 제니 씨가 이 케이크를 만들었어요? ○
- 당신은 주말에 뭐 하세요? ✗
- 선생님은 주말에 뭐 하세요? ○

↪ 여러분 나라에서는 다른 사람을 어떻게 불러요?

발음 Pronunciation

받침소리 [ㄱ]은 'ㄴ, ㅁ' 앞에서 [ㅇ]으로 발음합니다. 단어와 단어를 이어서 발음할 때에도 [ㅇ]으로 발음합니다.

The final consonant sound [ㄱ] is pronounced as [ㅇ] when in front of the nasal consonant 'ㄴ, ㅁ.' It is pronounced [ㅇ] even when pronouncing words one after the other.

예
가: 왜 한국어를 배워요?
나: 한국 문화를 좋아해서 한국어를 배워요.

가: 한국 노래를 좋아해요?
나: 네. 저는 한국 노래를 아주 좋아해요.

자기 평가 Self-Check

- ☐ 성함이 어떻게 되세요?
- ☐ 왜 한국어를 공부해요?
- ☐ 고향은 어떤 곳이에요?

2 취미 Hobby

2-1 저는 요리하는 걸 좋아해요

2-2 매주 금요일이나 토요일에 모입니다

1 이 사람들은 뭐 하고 있어요?
2 시간이 있으면 뭐 해요?

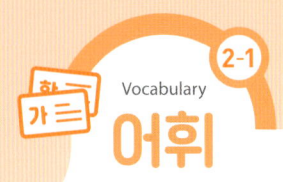

저는 요리하는 걸 좋아해요
I like to cook

독서

외국어 공부

영화 감상

음악 감상

낚시

조깅

스쿠버 다이빙

여행

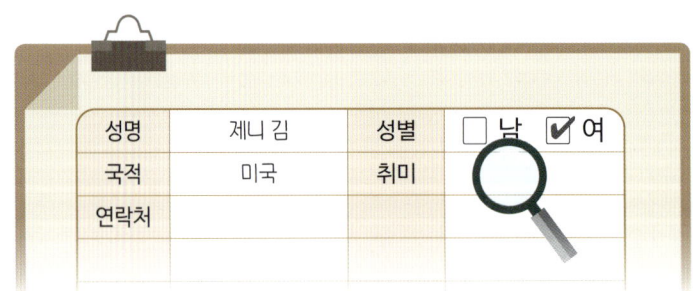

독서 reading
영화 감상 watching movies
조깅 jogging
외국어 공부 studying/learning a foreign language
음악 감상 listening to music
스쿠버 다이빙 scuba diving
낚시 fishing

이야기해 보세요

▶ 취미가 뭐예요?
▶ 시간이 나면 뭐 해요?

그림을 그리다

춤을 추다

웹툰을 보다

게임을 하다

인형을 모으다

인터넷 쇼핑을 하다

동영상을 만들다

에스엔에스(SNS)를 하다

피아노를 치다

웹툰을 보다 to read webcomics
인터넷 쇼핑을 하다 to do online shopping
에스엔에스(SNS)를 하다 to do social media

인형을 모으다 to collect dolls
동영상을 만들다 to create videos

Speaking 2-1

말하기 1 친구와 연습해 보세요.
Practice with your partner.

가: 시간이 나면 뭐 해요?
나: 저는 농구를 자주 해요. 나나 씨는요?
가: 저도 농구하는 걸 좋아해요.
나: 그래요? 그럼 다음에 같이 농구해요.

1)
2)
3)

말하기 2 친구와 연습해 보세요.
Practice with your partner.

가: 수영을 할 줄 알아요?
나: 네. 수영을 할 줄 알지만 잘 못해요. 에릭 씨는요?
가: 저는 수영을 잘해요.
나: 그래요? 그럼 저한테 가르쳐 줄 수 있어요?
가: 네. 좋아요.

1)
2)
3)

문법과 표현	동 -는 것	☞	8쪽
	동 -(으)ㄹ 줄 알다/모르다	☞	9쪽

시간이 나다 to have free time   다음 next time

말하기 3 친구와 이야기해 보세요.
Talk with your partner.

마리: 에릭 씨는 취미가 뭐예요?
에릭: 요리예요. 마리 씨는요?
마리: 저도 요리하는 걸 좋아해요. 시간이 나면 항상 요리를 해요.
에릭: 그럼 한국 음식도 만들 줄 알아요?
마리: 네. 김밥을 만들 줄 알아요.
에릭: 그래요? 저도 김밥을 한번 만들어 보고 싶어요.
마리: 그럼 우리 다음에 같이 만들어 봐요.

발음
- 만들 줄 알아요
  [만들쭐]

1) 요리 — 김밥을 만들다
2) 운동
3) 외국어 공부

준비 여러분은 모으는 게 있어요? 언제부터 모았어요? 왜 모아요?
Is there anything that you collect? When did you start collecting it? Why do you collect it?

듣기 1 마리와 나나의 대화입니다. 잘 듣고 대화에 알맞은 그림을 고르세요.
This is a conversation between Mari and Nana. Listen carefully and choose the picture that best describes the conversation.

①  ②  ③

취미를 말할 때
When talking about hobbies

제 취미는 여행이에요.
제 취미는 여행하는 거예요.
저는 여행하는 걸 좋아해요.

 취미가 뭐예요?
What is your hobby?

저는 인형을 모으는 걸 좋아해요.
그래서 집에 인형이 아주 많아요.

컵 cup

준비 **한국에서 뭘 해 보고 싶어요?**
What do you want to do in Korea?

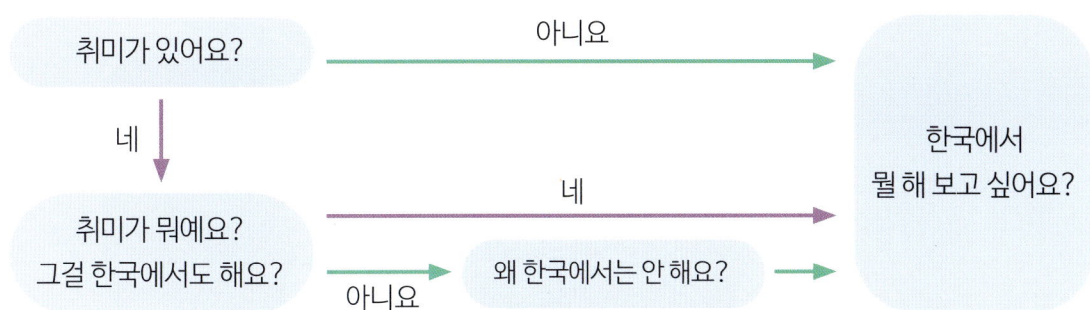

듣기 2 **다니엘과 아야나의 대화입니다. 잘 듣고 질문에 답해 보세요.**
This is a conversation between Daniel and Ayana. Listen carefully and answer the questions.

1 여자는 요즘 뭐 해요? 맞는 것을 모두 고르세요.

①    ②    ③

2 맞는 것을 고르세요.

① 남자는 떡볶이를 만들 줄 압니다.
② 여자는 고향에서 한국 요리하는 것을 배웠습니다.
③ 두 사람은 토요일에 같이 떡볶이를 만들 것입니다.

뭘 배우고 싶어요? 우리 반에 그것을 할 줄 아는 친구가 있어요?
What do you want to learn? Is there someone in our class who knows how to do it?

저는 떡볶이 만드는 것을 배우고 싶어요.
누가 떡볶이를 만들 줄 알아요?

2-2 Vocabulary **어휘**

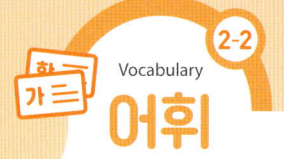

매주 금요일이나 토요일에 모입니다

We meet every week either on Friday or Saturday

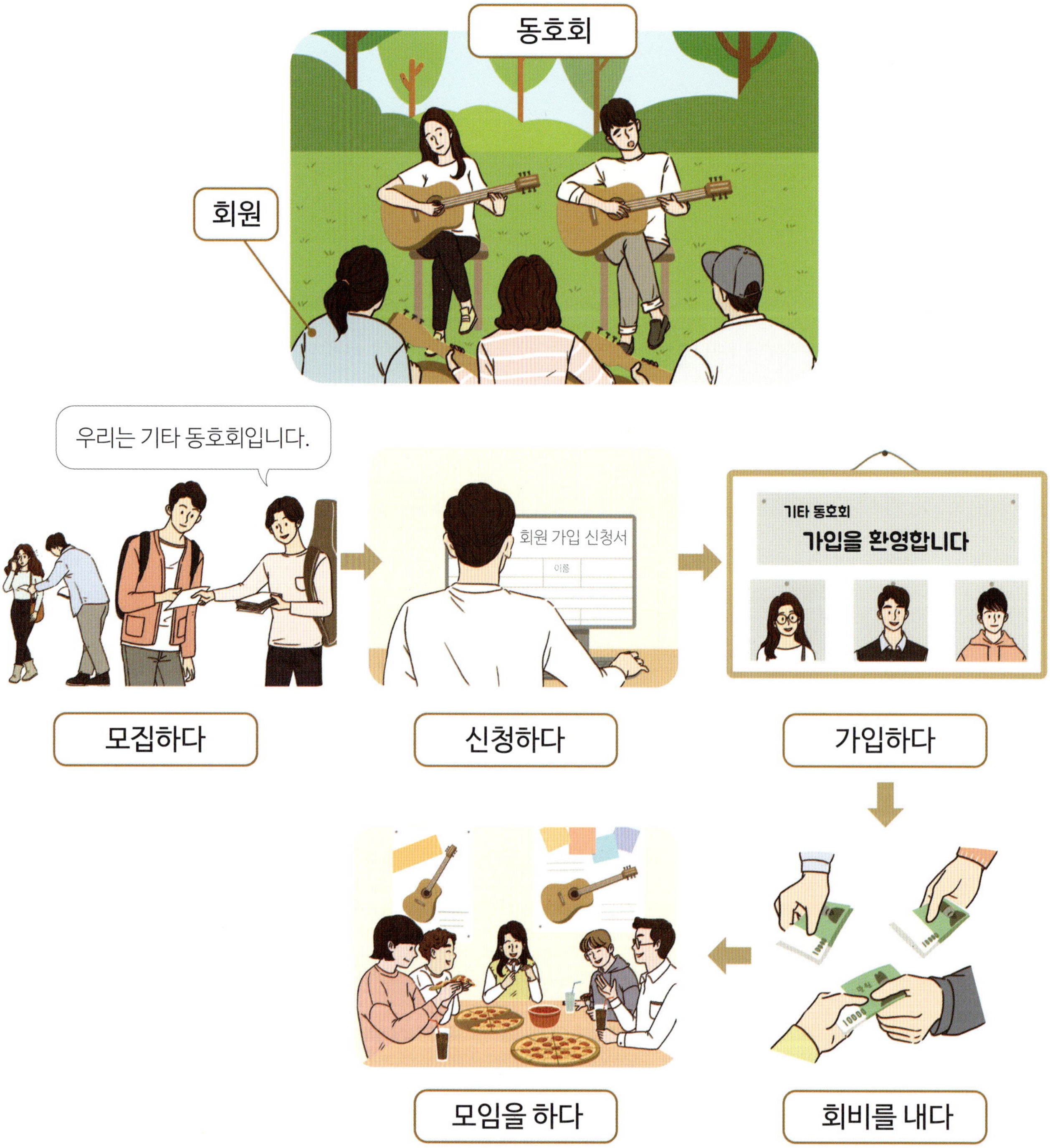

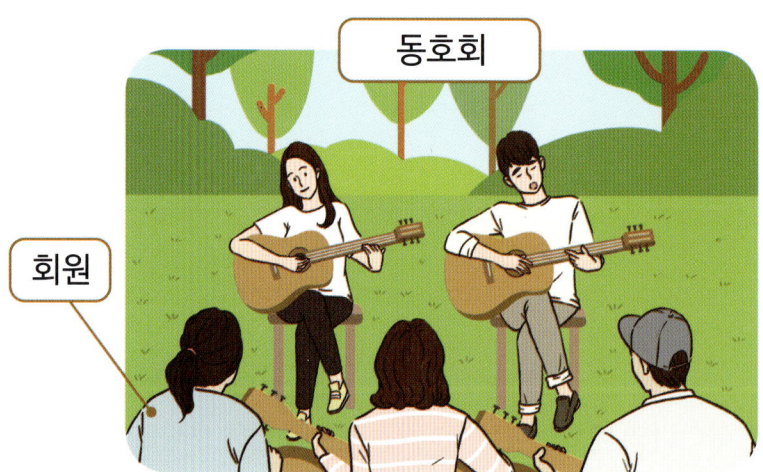

동호회 club
회원 member
모집하다 to recruit
신청하다 to apply
가입하다 to join
모임을 하다 to have a gathering
회비를 내다 to pay membership fees

이야기해 보세요

▶ 동호회에서 뭐 해요?
▶ 언제 동호회 모임을 해요?

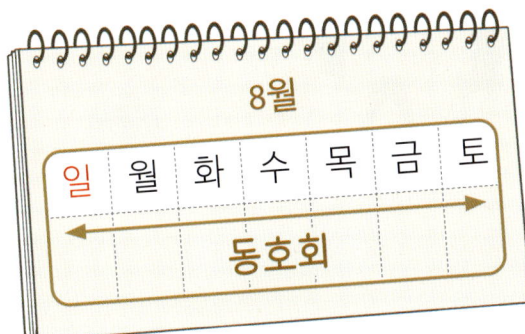

매일

매주

매달

매년

| 매일 every day | 매주 every week | 매달 every month | 매년 every year |

읽기 2-2

준비 어떤 동호회에 가입하고 싶어요?
What kind of club do you want to join?

읽기 1 동호회 광고입니다. 잘 읽고 질문에 답해 보세요.
This is an advertisement for a club. Read carefully and answer the questions.

서울 축구 동호회
축구를 배우고 **싶거나** 축구하는 것을 좋아하시는 분은 연락해 주세요.

모집: 9월 27일 금요일까지

☎ 010-0880-5488
✉ soccer@koreasoccer.com

1 무슨 동호회예요? _____.

2 어떤 사람을 찾아요? _____.

3 언제까지 모집해요? _____.

4 어떻게 연락해요? _____.

문법과 표현	(이)나 1	10쪽
	-거나	11쪽

볼링 bowling   연락하다 to contact   찾다 to find

 **동호회 광고입니다. 잘 읽고 질문에 답해 보세요.**
This is an advertisement for a club. Read carefully and answer the questions.

함께 '맛집'에 갈까요?

우리는 맛집 동호회 '맛동'입니다. **에스엔에스(SNS)나** 블로그에서 맛집을 찾아서 함께 갑니다. 새로운 식당을 찾는 것을 좋아하세요? 맛있는 음식을 먹고 싶으세요? 연락 주세요.

- 회원 모집: 7월 18일까지
- 신청 방법: 홈페이지(www.snufood.co.kr) 신청
- 모임: 매주 **금요일이나** 토요일
- 회비: 2만 원

질문이 있으면 **전화하거나** 문자를 보내 주세요.
📱 010-0880-5488

1 왜 이 글을 썼어요? 맞는 것을 고르세요.

① 같이 맛집 블로그를 만들려고
② 맛집 동호회 회원을 모집하려고
③ 학교 근처의 맛집을 알려 주려고

2 맞으면 ○, 틀리면 × 하세요.

1) 에스엔에스(SNS)에 맛집을 소개하는 동호회입니다.   (   )
2) 이 동호회의 회원들은 일주일에 한 번 모입니다.   (   )
3) 동호회 가입을 신청하고 싶으면 전화를 해야 합니다.   (   )

💬 **여러분이 만들고 싶은 동호회에 대해서 친구와 이야기해 보세요.**
Talk to your classmates about a club you want to create.

	친구 이름:	친구 이름:
무슨 동호회를 만들고 싶어요?		
어떤 친구들을 모으고 싶어요?		
언제 만나고 싶어요?		

맛집 must-eat place   블로그 blog   새롭다 to be new   홈페이지 homepage   문자 text   알리다 to inform   모이다 to gather

Writing 2-2

준비 무슨 동호회를 만들고 싶어요? 메모해 보세요.
What kind of club do you want to create? Write down your notes.

동호회 소개	동호회 이름이 뭐예요?
	동호회에서 뭐 해요?
	어떤 사람을 모집하고 싶어요?
동호회 정보	회원 모집 기간
	신청 방법
	모임 시간
	회비
	문의

쓰기 동호회 광고를 만들어 보세요.
Create an advertisement for the club.

정보 information   문의 inquiry

과제

💬 **취미가 같은 친구들을 찾아 동호회를 만들어 보세요.**
Find classmates who share the same hobby as you and create a club.

1 보기 **와 같이 여러분의 취미를 써 보세요.**
Write down your hobbies as shown in the example.

보기		
나	독서	동영상 만드는 것

나	

2 **친구에게 취미를 물어보고 같은 취미를 가진 친구를 찾아보세요.**
Ask your classmates about their hobbies and find people who share the same hobby as you.

취미가 뭐예요?

시간이 나면 뭐 해요?

저는 인형 모으는 거 좋아해요.
그리고 게임하는 것도 좋아해요.

저는 동영상을 만들거나
그림을 그려요.
동영상 만들 줄 알아요?

친구 이름:	
친구 이름:	
친구 이름:	

3 취미가 같은 친구들과 동호회를 만들고 이야기해 보세요.
Create a club with classmates who share the same hobby as you and talk about it.

- 동호회 이름
- 모임 시간
- 모임 장소
- 회비
- 동호회에서 하는 활동

우리 같이 동영상 만드는 동호회를 만들까요?

네. 좋아요. 동호회 이름을 뭐라고 할까요?

4 여러분이 만든 동호회를 소개해 보세요.
Introduce the club you created.

○○ 동호회

안녕하세요? 우리는 _____ 동호회입니다. …

활동 activity

한국 사람들은 어떤 취미 활동을 많이 할까요?
What kind of hobbies do Korean people mostly enjoy?

한국 사람들은 어떤 취미 활동을 많이 해요?

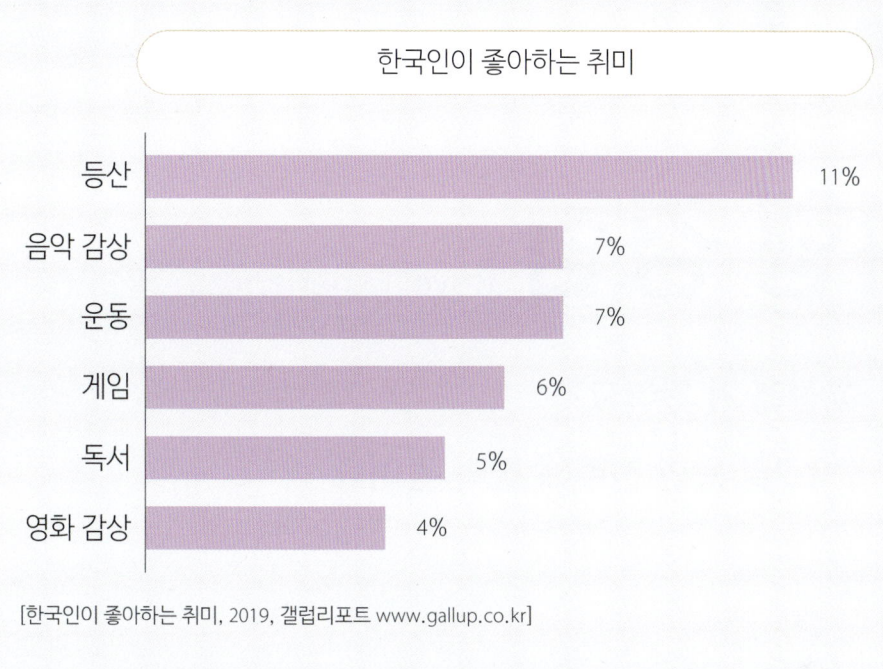

[한국인이 좋아하는 취미, 2019, 갤럽리포트 www.gallup.co.kr]

➥ 여러분 나라 사람들이 많이 하는 취미 활동은 뭐예요?

발음 Pronunciation

어미 '-(으)ㄹ' 뒤에 오는 'ㅈ'은 [ㅉ]로 발음합니다.
'ㅈ' that comes after the ending '-(으)ㄹ' is pronounced as [ㅉ].

예) 가: 비빔밥을 만들 줄 알아요? 가: 수영할 줄 알아요?
　　나: 네. 만들 줄 알아요.　　　　나: 아니요. 못해요.

자기 평가 Self-Check

- ☐ 취미가 뭐예요?
- ☐ 무슨 운동을 할 줄 알아요?
- ☐ 시간이 나면 보통 뭐 해요?

3

여행 경험 Travel Experiences

- **3-1** 부산에 가 봤어요?
- **3-2** 1박 2일 동안 전주에 갔다 왔어요

1 여기는 어디예요?
2 한국에서 어디를 여행했어요?

3-1 부산에 가 봤어요?
Have you been to Busan?

바닷가

전통 시장

관광지

미술관

동물원

바닷가 beach   전통 시장 traditional market   관광지 tourist attraction
미술관 museum   동물원 zoo

이야기해 보세요

▶ 여행을 가면 보통 어디에 가요?
▶ 어떤 곳에 여행 가고 싶어요?

경치가 아름답다

음식이 다양하다

공기가 맑다

숙소가 깨끗하다

전통문화

경치가 아름답다 view is beautiful
공기가 맑다 air is clear
전통문화 traditional culture

음식이 다양하다 to have a variety of food
숙소가 깨끗하다 accommodation is clean

Speaking 말하기 3-1

말하기 1 친구와 연습해 보세요.
Practice with your partner.

가: 부산에 가 봤어요?
나: 아니요. 안 가 봤어요.
가: 그럼 한번 가 보세요. 아주 아름다워요.

1) 찜질방, 가다 / 재미있다
2) 삼계탕, 먹다 / 맛있다
3) 이 책, 읽다 / 쉽고 재미있다

말하기 2 친구와 연습해 보세요.
Practice with your partner.

가: 우리 오늘 뭐 할까요?
나: 날씨가 좋으니까 등산해요.
가: 좋아요. 어디로 갈까요?
나: 관악산이 가까우니까 관악산에 가요.

1) 날씨가 시원하다, 자전거 타다 / 한강공원이 좋다 / 한강
2) 꽃이 많이 피었다, 꽃구경하다 / 여의도에서 벚꽃 축제를 하다 / 여의도
3) 시험이 끝났다, 맛있는 거 먹다 / 강남역에 식당이 많다 / 강남역

문법과 표현
동-아/어 보다 ☞ 12쪽
동 형-(으)니까, 명(이)니까 ☞ 13~14쪽

찜질방 Korean hot sauna   관악산 Gwanaksan Mountain   피다 to bloom   강남역 Gangnam Station

말하기 3 — 친구와 이야기해 보세요.
Talk with your partner.

자밀라: 다니엘 씨, 부산에 가 봤어요?
다니엘: 네. 지난여름에 갔다 왔어요. 경치도 아름답고 음식도 정말 맛있었어요.
자밀라: 저도 이번 방학에 부산에 가려고 해요.
다니엘: 부산에 가면 뭐 할 거예요?
자밀라: 배도 타고 낚시도 해 보고 싶어요.
다니엘: 저는 부산에서 낚시해 봤어요. 정말 재미있으니까 꼭 해 보세요.

발음
- 갔다 왔어요 [갇따]
- 아름답고 [아름답꼬]
- 음식도 [음식또]
- 낚시도 [낙씨]

1)
부산
배를 타다
낚시하다

2)
전주

3)
제주도

갔다 오다 to have been

Listening 3-1 듣기

준비 여행 가서 뭐 하는 걸 좋아해요?
What do you like to do when you travel?

듣기 1 여행 광고입니다. 잘 듣고 맞으면 ○, 틀리면 × 하세요.
This is a travel advertisement. Listen carefully and write ○ for true and × for false.

1) 제주도는 산과 바다가 모두 있는 섬입니다.   (   )
2) 제주도에서는 여러 가지 음식을 먹을 수 있습니다.   (   )

어디에 여행 가 봤어요? 왜 거기에 갔어요?
Where have you traveled? Why did you go there?

저는 일본에 가 봤어요.
일본 음식을 좋아해서 가 보고 싶었어요.

여러 가지 various

준비 한국에서 어디로 여행 가고 싶어요?
Where do you want to travel in Korea?

듣기 2 안나와 다니엘의 대화입니다. 잘 듣고 질문에 답해 보세요.
This is a conversation between Anna and Daniel. Listen carefully and answer the questions.

1 강릉에 가면 뭘 할 수 있어요? 맞는 것을 모두 고르세요.

①  ②  ③

2 맞는 것을 고르세요.

① 남자는 강릉에 가 봤습니다.
② 두 사람은 같이 강릉 여행을 할 것입니다.
③ 여자는 한국에서 여행을 많이 해 봤습니다.

💬 어디를 여행해 봤어요? 거기에 가면 뭘 할 수 있어요? 친구에게 알려 주세요.
Where have you traveled? What can you do there? Share with your partner.

> 저는 제주도에 가 봤어요.
> 거기에서 말을 타 봤어요.
> 재미있으니까 제주도에 가면 말을 꼭 타 보세요.

광고 advertisement   연휴 holidays   말 horse

어휘 Vocabulary 3-2

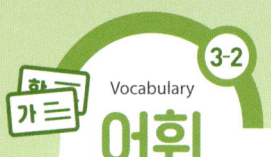

1박 2일 동안 전주에 갔다 왔어요

I went to Jeonju for 2 days & 1 night

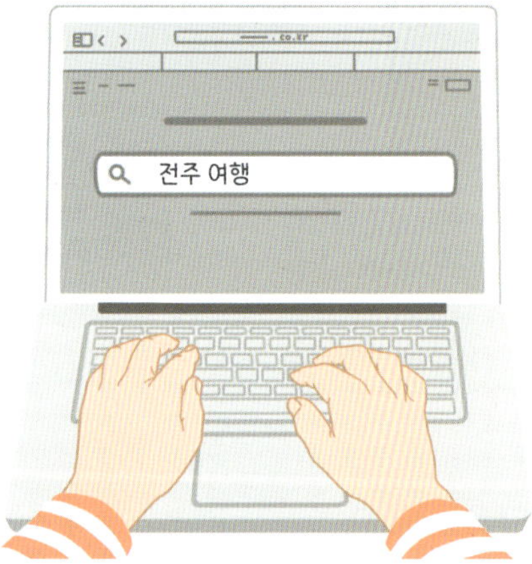

알아보다

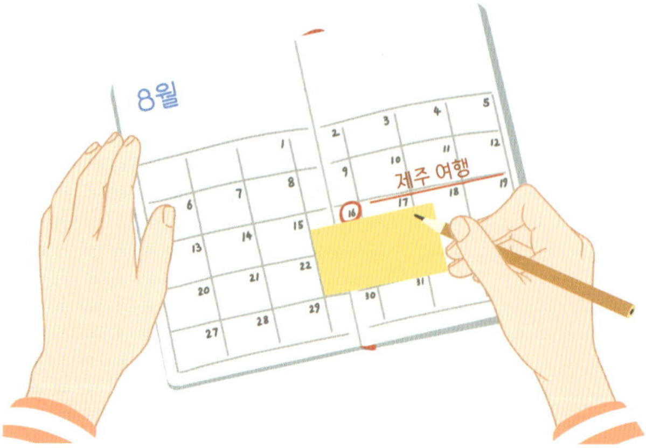

계획을 세우다

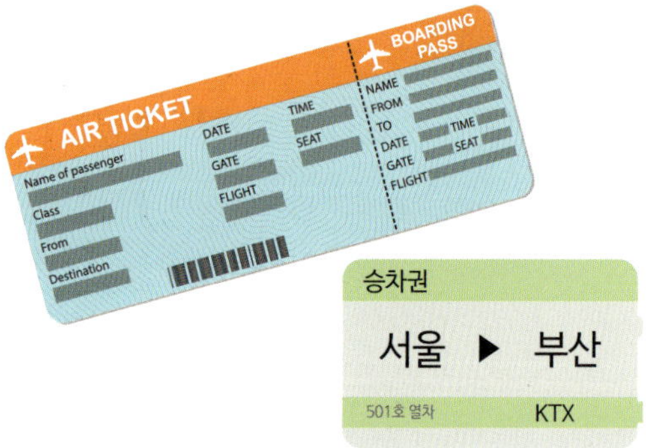

예매하다

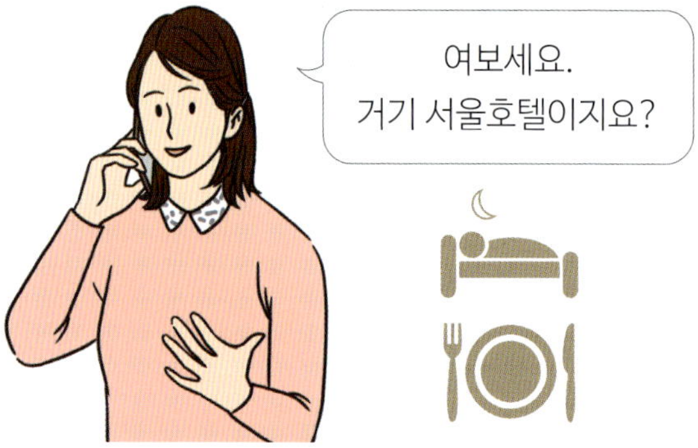

예약하다

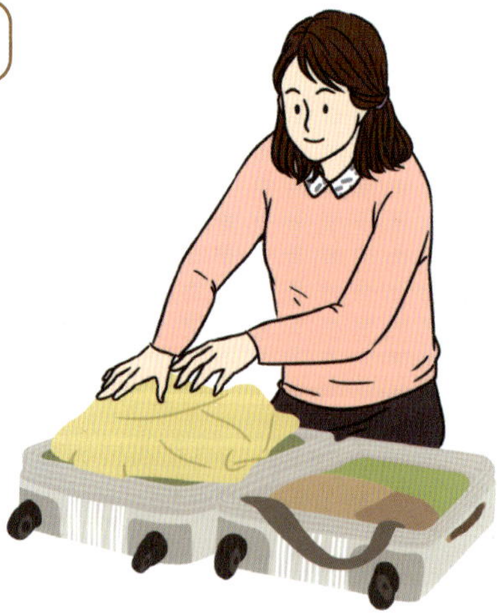

짐을 싸다

알아보다 to look into
계획을 세우다 to make plans
예매하다 to book
예약하다 to reserve
짐을 싸다 to pack

이야기해 보세요

▶ 여행 전에 어떤 준비를 해요?
▶ 여행을 가서 얼마나 있었어요?

1일	2일	3일	4일	5일
하루	이틀	사흘	나흘	닷새

6일	7일	8일	9일	10일
엿새	이레	여드레	아흐레	열흘

박 일
____ 박 ____ 일

한 두 세 네 …	시간
	달

일 이 삼 사 …	분
	일
	주/주일
	개월
	년

하루 a (one) day   이틀 two days   사흘 three days   나흘 four days
열흘 ten days   박 night/stay   시간 hour(s)   달 month(s)
주/주일 week   개월 month(s)   년 year(s)

Reading 읽기 3-2

준비 여행 전에 무슨 준비를 해야 돼요?
What do you need to prepare before the trip?

읽기 1 크리스와 엥흐의 메시지입니다. 잘 읽고 맞는 것을 고르세요.
This is Chris and Enkh's text message. Read carefully and choose the correct statement.

 크리스

엥흐 씨, 이번 연휴에 같이 경주 여행 갈까요? 여행사에 좋은 상품이 있어요.

www.snu.travel.com

좋아요. 저도 경주에 가 보고 싶었어요. **며칠 동안** 여행하는 상품이에요?

 엥흐

1박 2일 상품이에요. 숙박비하고 식비를 포함해서 30만 원이에요.

가격도 괜찮네요. 수업 **끝나고 나서** 같이 예약해요.

① 두 사람은 이틀 동안 여행할 것입니다.
② 두 사람은 여행하면서 식비를 내야 합니다.
③ 두 사람은 경주에 있는 호텔을 예약할 것입니다.

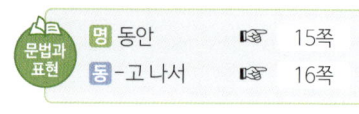

여행사 travel agency   상품 (travel) package   숙박비 lodging expense   식비 food expense   포함하다 to include   가격 price

읽기 2   **자밀라의 블로그입니다. 잘 읽고 질문에 답해 보세요.**
This is Jamila's blog. Read carefully and answer the questions.

자밀라의 전주 여행

지난주에 **1박 2일 동안** 전주 한옥 마을에 갔다 왔어요. 서울에서 전주까지 셔틀버스를 타고 갔어요. 외국인만 탈 수 있는 버스인데 인터넷으로 예매했어요. 아주 싸고 편했어요.

점심에 도착해서 먼저 전주 구경을 **하고 나서** 저녁을 먹으러 갔어요. 식당에 사람이 많아서 **오랫동안** 기다려야 했지만 비빔밥이 정말 맛있었어요. 전주에서 한복도 입어 봤어요. 한복이 아주 예뻐서 사진을 많이 찍었어요.

전주 여행은 재미있고 즐거웠어요. 다음에는 한옥에서 자 보고 싶어요.

1   왜 이 글을 썼어요? 맞는 것을 고르세요.

① 전주에 대해서 알아보려고
② 전주 여행 계획을 세우려고
③ 전주 여행 경험을 이야기하려고

2   맞으면 ○, 틀리면 ✕ 하세요.

1) 자밀라는 이틀 동안 전주 여행을 했습니다.   (   )
2) 자밀라는 비빔밥을 먹고 나서 구경을 했습니다.   (   )
3) 자밀라는 전주에 있는 한옥에서 자 봤습니다.   (   )

 여행 경험에 대해서 친구들과 이야기해 보세요.
Share with your classmates about your travel experiences.

	친구 이름:	친구 이름:
어디로 여행 가 봤어요?		
며칠 동안 여행했어요?		
뭐 먹었어요? 어떤 음식이에요?		

전주 Jeonju   한옥 Hanok (Korean traditional house)   마을 village   셔틀버스 shuttle bus   오랫동안 for a long time
즐겁다 to be joyful   경험 experience

3-2

준비 어디로 여행 가 봤어요? 메모해 보세요.
Where have you traveled? Write down your notes.

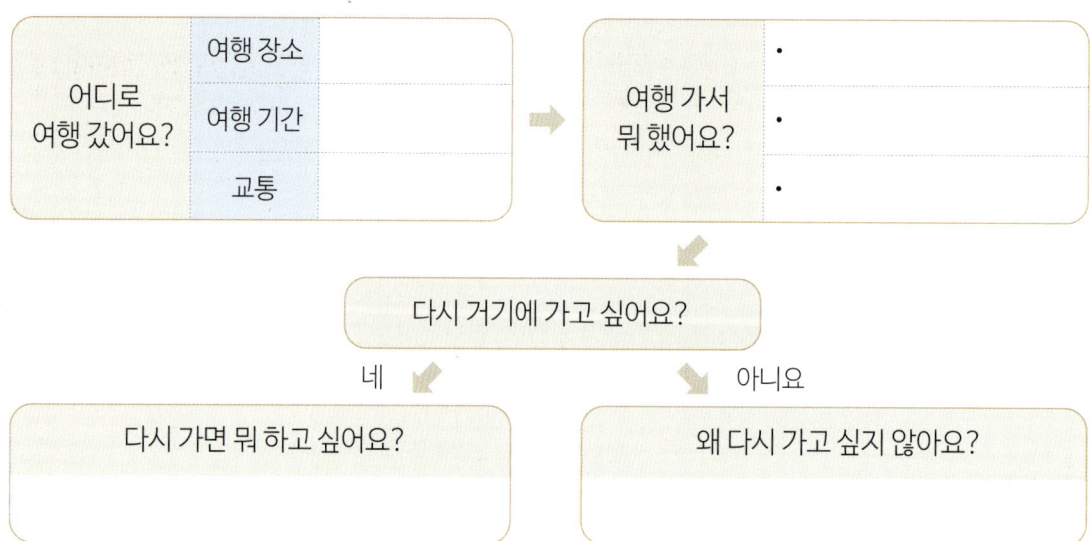

쓰기 여행 경험을 써 보세요.
Write about your travel experiences.

다시 again

💬 '나의 여행 경험'에 대해서 발표해 보세요.
Present 'My Travel Experiences' to your classmates.

1 어디로 여행 가 봤어요? 거기에서 뭐 했어요?
Where have you traveled? What did you do there?

2 사진과 함께 발표를 준비해 보세요.
Prepare your presentation with pictures.

Task 과제

3 나의 여행 경험에 대해 발표해 보세요.
Present your travel experiences to your classmates.

지금부터 제 여행 경험에 대해서 발표하겠습니다.
저는 지난여름에 여자 친구와 강원도에 가 봤습니다.
강원도에서 ….
…
제 발표를 들어 주셔서 감사합니다.

4 친구의 발표를 듣고 더 알고 싶은 것이 있으면 물어보세요.
Listen to your classmates' presentations and ask if there's anything you would like to know more about.

무슨 음식이 제일 맛있었습니까?

발표하다 to present   감사하다 to thank

'코레일 패스'와 함께 기차 여행을 해 보세요!
Travel by train using the 'Korail Pass'!

누가 이 상품을 살 수 있어요?
이 상품을 사면 며칠 동안 기차 여행을 할 수 있어요?

↳» 여러분 나라에도 외국인을 위한 여행 상품이 있어요?

발음 / Pronunciation

받침소리 [ㄱ, ㄷ, ㅂ] 뒤에 연결되는 'ㄱ, ㄷ, ㅂ, ㅅ, ㅈ'은 [ㄲ, ㄸ, ㅃ, ㅆ, ㅉ]로 발음합니다.
'ㄱ, ㄷ, ㅂ, ㅅ, ㅈ' that come after the final consonant sounds [ㄱ, ㄷ, ㅂ] are pronounced as [ㄲ, ㄸ, ㅃ, ㅆ, ㅉ].

예 가: 방학 때 뭐 했어요?   가: 제주도는 어떤 곳이에요?
    나: 고향에 **갔다** 왔어요.   나: 경치도 **아름답고 음식도** 맛있는 곳이에요.

자기 평가 / Self-Check

 어디로 여행 가 봤어요?
 얼마 동안 여행했어요?
 거기에서 뭐 해 봤어요?

대상 subject   권 ticket/pass   을/를 위한 for (something/someone)

4

쇼핑 Shopping

4-1 이거보다 더 긴 거 있어요?

4-2 지난주에 산 운동화를 교환하고 싶습니다

1 쇼핑하는 걸 좋아해요?
2 한국에서 사고 싶은 것이 있어요?

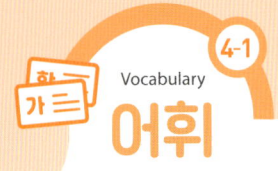

이거보다 더 긴 거 있어요?
Is there something longer than this?

가격
- 싸다 (20,000원)
- 비싸다 (300,000원)

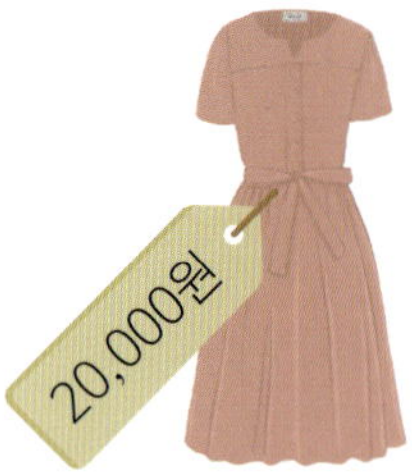

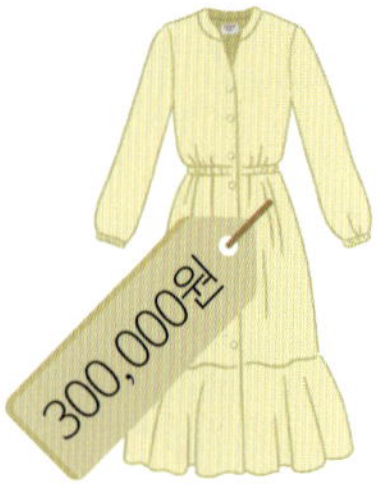

색깔
- 밝다 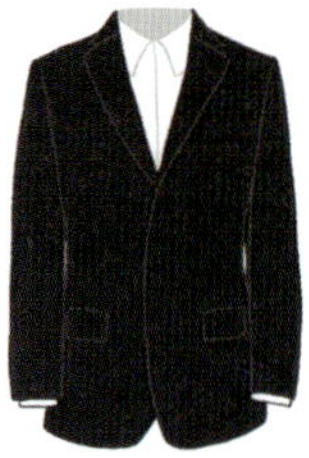
- 어둡다

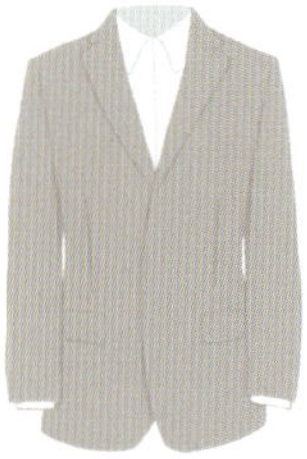

사이즈
- 크다 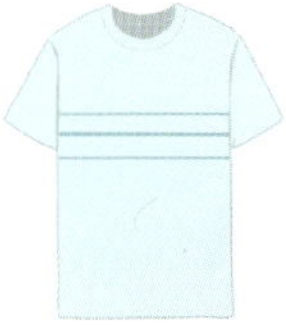
- 작다

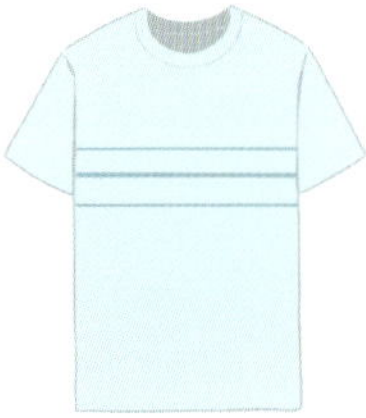

길이
- 길다 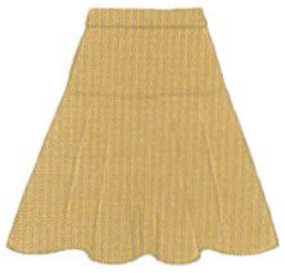
- 짧다

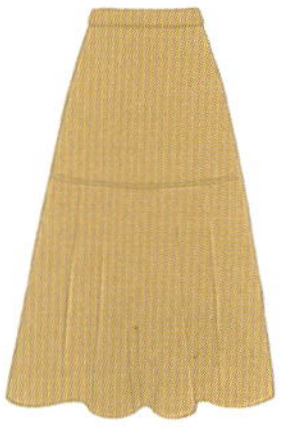

굽
- 높다 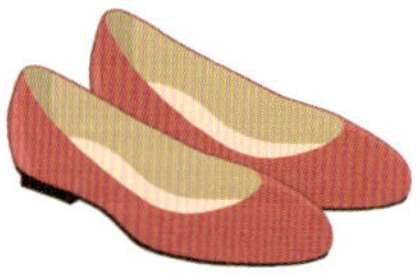
- 낮다

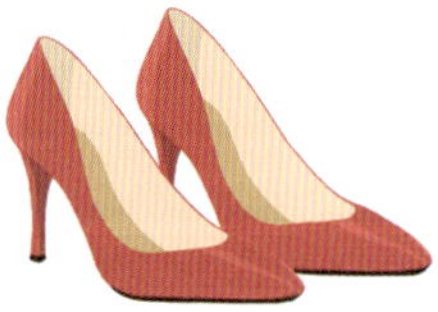

디자인
- 화려하다 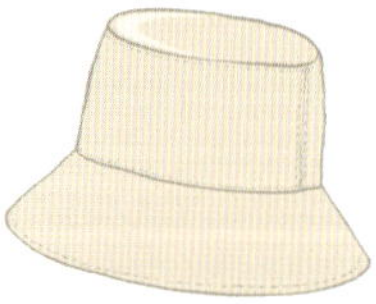
- 단순하다

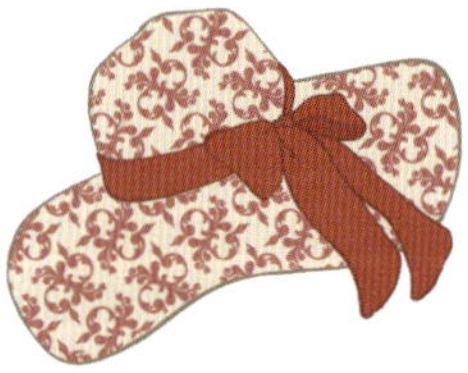

가격이 싸다/비싸다 price is cheap/expensive
사이즈가 크다/작다 size is big/small
굽이 높다/낮다 heel is high/low
색깔이 밝다/어둡다 color is bright/dark
길이가 길다/짧다 length is long/short
디자인이 화려하다/단순하다 design is flashy/simple

이야기해 보세요

▶ 어떤 것을 사고 싶어요?
▶ 옷이 어때요?

사이즈가 잘 맞다

사이즈가 안 맞다

마음에 들다

마음에 안 들다

잘 어울리다

안 어울리다

사이즈가 잘 맞다/안 맞다 size fits well/does not fit well
마음에 들다/안 들다 to like it/not like it
잘 어울리다/안 어울리다 to suit well/not suit well

말하기 1 친구와 연습해 보세요.
Practice with your partner.

가: 옷이 마음에 드세요?
나: 네. 그런데 사이즈가 좀 큰 것 같아요. 더 작은 거 있어요?
가: 네. 잠깐만 기다리세요.

1) 색깔
2) 가격
3) 길이

말하기 2 친구와 연습해 보세요.
Practice with your partner.

가: 자밀라 씨, 이 치마 어때요?
나: 그 치마는 길이가 기네요. 그거보다 짧은 거는 없어요?
가: 그럼 이건 어때요?
나: 아, 그게 좋네요.

1) 사이즈
2) 굽
3) 디자인

문법과 표현: 동-는 것 같다, 형-(으)ㄴ 것 같다, 명인 것 같다 ☞ 17~18쪽
명보다 ☞ 19쪽

말하기 3 친구와 이야기해 보세요.
Talk with your partner.

직원: 어서 오세요. 찾으시는 거 있으세요?

제니: 네. 원피스 좀 보여 주세요.

직원: 이건 어떠세요? 요즘 인기 있는 디자인이에요.

제니: 음, 그건 길이가 너무 짧은 것 같아요. 그거보다 긴 거는 없어요?

직원: 아니요. 있어요. 이건 어떠세요?

제니: 좋네요. 한번 입어 볼 수 있어요?

직원: 그럼요. 이쪽으로 오세요.

> **발음**
> • 짧은 것 같아요
>   [짤븐]

1)

| 원피스 |
| 길이, 짧다, 길다 |
| 입다 |

2)

3)

인기 있다 to be popular

준비 좋아하는 것에 ✔ 하세요.
Place a checkmark on the things you like.

| 가격 | 색깔 | 길이 | 디자인 |

듣기 1 넥타이 가게 직원과 엥흐의 대화입니다. 잘 듣고 맞는 것을 고르세요.
This is a conversation between a store clerk and Enkh at a necktie store. Listen carefully and choose the correct picture.

❖ 남자는 무슨 넥타이를 샀어요?

①    ②    ③

쇼핑할 때
When shopping

이거로 주세요.
한 사이즈 큰 거로 보여 주세요.

친구에게 어떤 스타일이 어울려요?
What style suits your friend?

하이 씨는 밝은색 양복이 잘 어울리는 것 같아요. …

손님 customer   넥타이 necktie

준비 요즘 사고 싶은 것이 있어요? 왜 사고 싶어요?
Is there something you want to buy these days? Why do you want to buy it?

듣기 2 다니엘과 안나의 대화입니다. 잘 듣고 질문에 답해 보세요.
This is a conversation between Daniel and Anna. Listen carefully and answer the questions.

1 대화에 알맞은 그림을 고르세요.

2 잘 듣고 맞으면 ○, 틀리면 ✕ 하세요.

1) 여자는 주말에 가방을 샀습니다. (   )
2) 여자는 동생에게 가방을 선물할 것입니다. (   )
3) 남자와 여자는 가방 가게에 같이 가려고 합니다. (   )

💬 **친구나 가족에게 뭘 선물하고 싶어요?**
What would you like to gift to your friends or family?

저는 동생에게 코트를 사 주고 싶어요. 제 동생은 밝은색보다 어두운색을 좋아하는 것 같아요. 그래서 ….

저는 어머니께 스카프를 선물해 드리고 싶어요. …

필요하다 to need   선물하다 to gift   밝은색 bright color   어두운색 dark color   스카프 scarf

4-2 Vocabulary 어휘

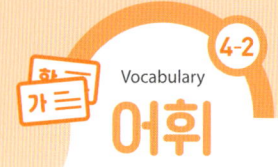

지난주에 산 운동화를 교환하고 싶습니다

I want to exchange the sneakers I bought last week

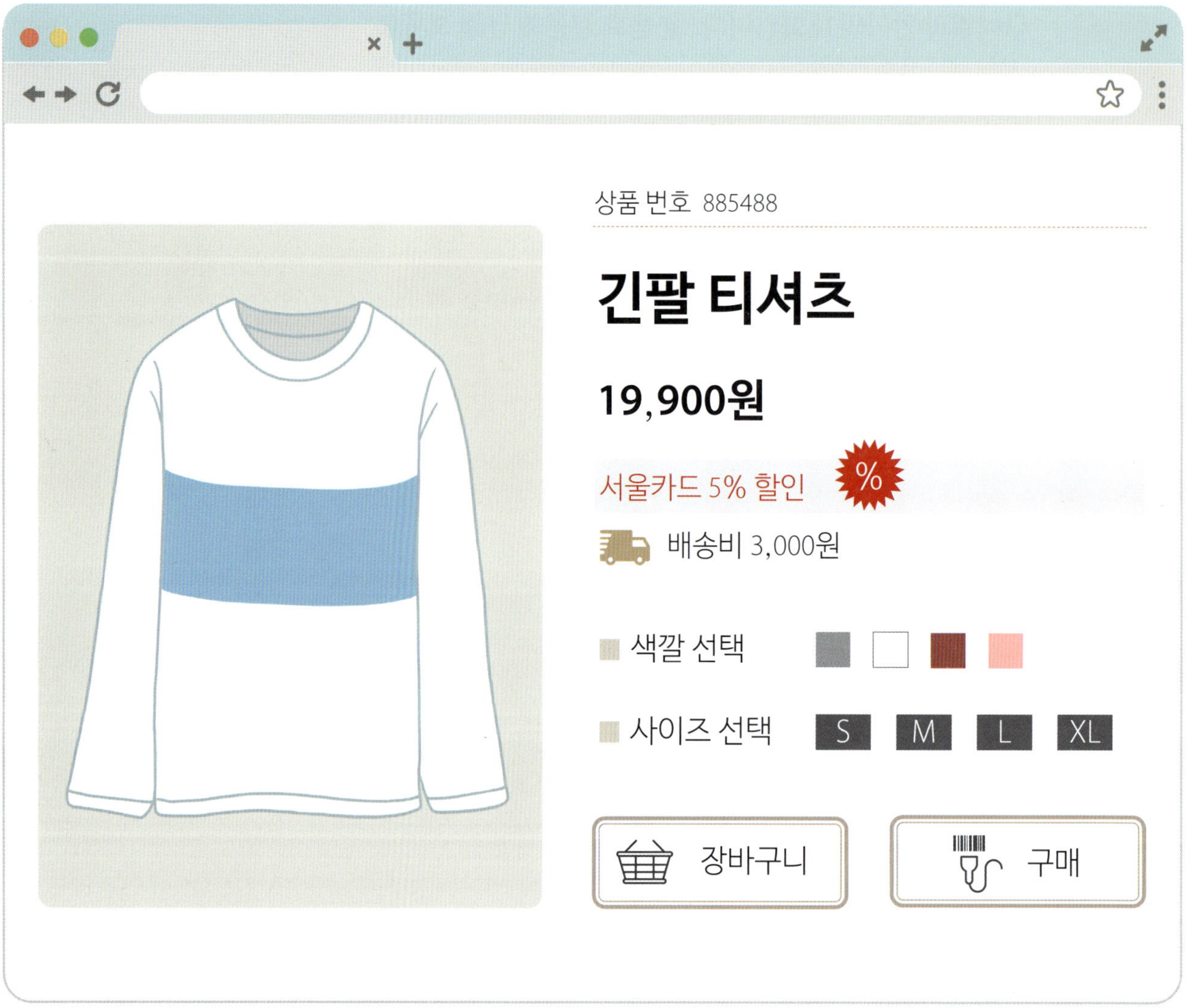

상품 번호 885488
긴팔 티셔츠
19,900원
서울카드 5% 할인
%
배송비 3,000원
색깔 선택
사이즈 선택
S
M
L
XL
장바구니
구매

상품 product	배송비 shipping fee	장바구니 cart
할인하다 to discount	선택하다 to select	구매하다 to purchase

이야기해 보세요

▶ 인터넷 쇼핑을 해 봤어요? 어떻게 했어요?
▶ 쇼핑을 하고 나서 마음에 안 들면 어떻게 해요?

주문하다

문의하다

교환하다

환불하다

주문하다 to order   문의하다 to inquire   교환하다 to exchange   환불하다 to refund

읽기 4-2

준비 인터넷으로 물건을 사 봤어요? 뭘 사 봤어요?
Have you ever bought anything on the internet? What did you buy?

읽기 1 추석 세일 광고입니다. 잘 읽고 맞으면 ○, 틀리면 × 하세요.
This is a Chuseok sale advertisement. Read carefully and write ○ for true and × for false.

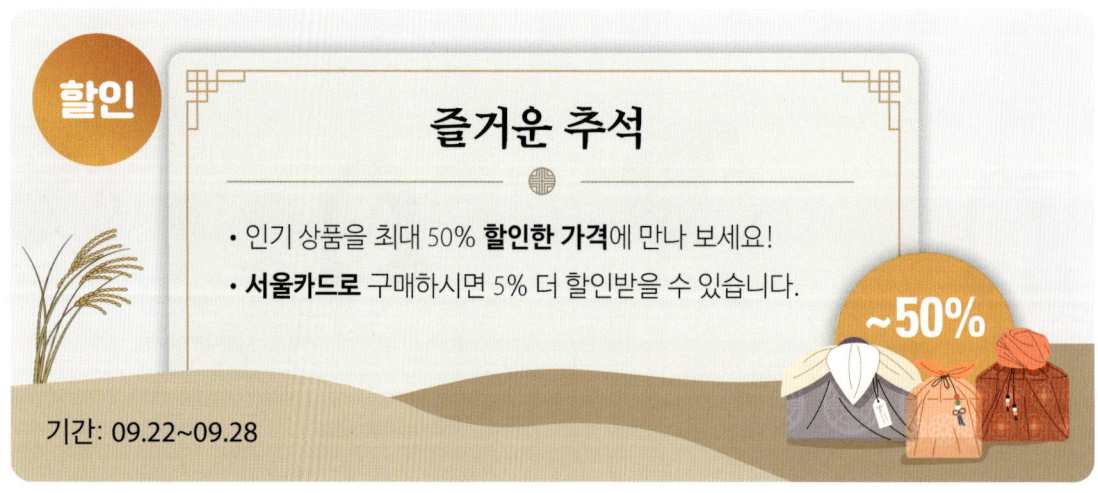

즐거운 추석

- 인기 상품을 최대 50% **할인한 가격**에 만나 보세요!
- **서울카드로** 구매하시면 5% 더 할인받을 수 있습니다.

기간: 09.22~09.28

~50%

1) 모든 상품을 50% 할인한 가격에 살 수 있습니다. ( )
2) 서울카드로 사면 다른 카드로 사는 것보다 더 쌉니다. ( )

문법과 표현: 동-(으)ㄴ 명 ☞ 20쪽 / 명(으)로 ☞ 21쪽

추석 Chuseok (Sino-Korean)/Korean Thanksgiving Day   최대 maximum   할인받다 to receive a discount   모든 every
다르다 to be different

읽기 2 · 인터넷 쇼핑몰 게시판입니다. 잘 읽고 질문에 답해 보세요.

This is an online shopping mall's bulletin board. Read carefully and answer the questions.

1 이 사람은 운동화를 어떤 것으로 바꾸려고 해요? 맞는 것을 고르세요.

2 다음을 읽고 맞는 것을 고르세요.

① 운동화는 큰 사이즈가 없습니다.
② 이 사람은 환불받으려고 이 글을 썼습니다.
③ 이 사람은 더 물어보고 싶은 것이 있으면 전화해야 합니다.

교환하거나 환불받을 때
When exchanging or receiving a refund

한 사이즈 작은 거로 바꿔 주세요.
다른 색깔로 교환해 주세요.
환불해 주세요.

물건을 교환하거나 환불받아 봤어요?
Have you ever exchanged an item or received a refund?

저는 인터넷으로 산 운동화를 교환해 봤어요. …

내용 content   이유 reason   새 new   배송 shipping   확인하다 to confirm   말씀하다 to speak (honorific expression)
포장하다 to wrap   택배 delivery service   자세하다 to be detailed   저희 our (humble expression)   이용하다 to use
환불받다 to receive a refund   물어보다 to ask

Writing 4-2

쓰기

준비 교환하고 싶은 것이 있어요? 메모해 보세요.
Is there anything you would like to exchange? Write down your notes.

상품 정보	교환하고 싶은 이유
상품 이름 ㅣ	(사이즈, 길이, 디자인, 가격, …)
구매한 날짜 ㅣ	
구매한 장소 ㅣ	

쓰기 교환에 대해서 문의하는 글을 써 보세요.
Write an inquiry about exchanging an item.

1:1 문의 게시판	교환 / 환불 ∨
상품	주문 번호: 202308152354
교환/환불 이유	☐ 색깔/사이즈 ☐ 디자인 ☐ 배송 ☐ 기타
문의 내용	

확인

기타 other

과제 / Task

💬 **여러분이 산 것을 다른 것으로 바꿔 보세요.**
Try to exchange something you bought for something different.

1 바꾸고 싶은 것에 모두 표시하세요. 그리고 교환이나 환불에 표시하고 그 이유를 쓰세요.
Mark all the items you would like to exchange or receive a refund, and write down the reason.

2 뭐로 바꾸고 싶어요? 마음에 드는 것을 고르세요.
What would you like to exchange it for? Choose the item you like.

3 그림을 보면서 가게 주인과 손님이 되어서 이야기를 해 보세요.
Look at the picture and role-play as the store owner and a customer.

			①	②	③	④
☐	 티셔츠	☐ 교환 / ☐ 환불 / 이유:				
☐	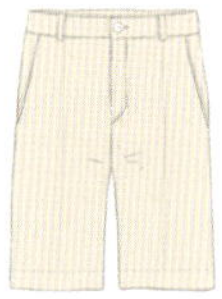 반바지	☐ 교환 / ☐ 환불 / 이유:				
☐	 운동화	☐ 교환 / ☐ 환불 / 이유:				
☐	 가방 (7만 원)	☐ 교환 / ☐ 환불 / 이유:	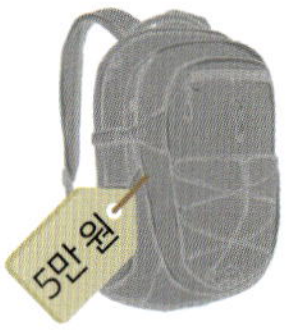 (5만 원)		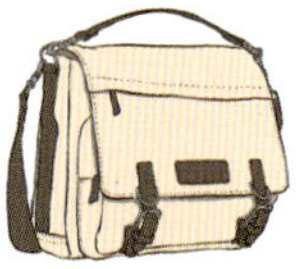	
☐	 모자	☐ 교환 / ☐ 환불 / 이유:		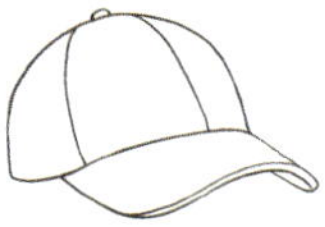		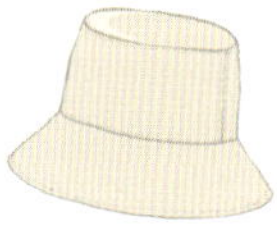

4 뭘 바꿨어요? 왜 바꿨어요? 친구들에게 이야기해 보세요.
What did you exchange? Why did you exchange it? Present it to your classmates.

저는 티셔츠를 교환했어요. 지난 주말에 산 티셔츠가 커서 작은 것으로 바꿨어요.

저는 운동화를 환불받았어요. 인터넷으로 산 운동화가 불편해서 ….

서울에는 유명한 시장이 많아요
There are many famous markets in Seoul.

시장이 어디에 있어요?
뭘 살 수 있어요?

동대문 시장

양재 꽃 시장

노량진 수산 시장

≫ 여러분 나라에서 유명한 시장은 어디예요?

발음 / Pronunciation

받침 '래' 뒤에 오는 음절이 모음으로 시작하면 'ㄹ'은 받침소리로 남고 'ㅂ'이 그 음절의 첫소리로 발음됩니다. 자음이 오면 'ㄹ'만 발음합니다. 받침 '래' 뒤에 오는 자음 'ㄱ, ㄷ, ㅅ, ㅈ'은 [ㄲ, ㄸ, ㅆ, ㅉ]로 발음합니다.

If the syllable that comes after the final consonant '래' starts with a vowel, the final consonant 'ㄹ' remains and 'ㅂ' is carried over to that syllable. Therefore, the initial sound of the following syllable is pronounced with the 'ㅂ' sound. If a consonant comes after the final consonant '래,' only 'ㄹ' is pronounced. Consonants 'ㄱ, ㄷ, ㅅ, ㅈ' that come after the final consonant '래' are pronounced as tense consonants such as [ㄲ, ㄸ, ㅆ, ㅉ].

예 가: 바지 어떠세요?
    나: 길이가 좀 짧은 것 같아요.

    가: 여행 가서 이 책을 읽어 보세요.
    나: 좋아요. 책이 얇고 가볍네요.

자기 평가 / Self-Check

☐ 한국에서 쇼핑해 봤어요? 뭐 샀어요?
☐ 뭘 교환해 봤어요? 왜 교환했어요?

동대문 Dongdaemun   양재 Yangjae   노량진 Noryangjin   수산 시장 Fish Market

5

우체국과 은행 Post Offices & Banks

5-1 소포를 보내려고 왔는데요

5-2 비밀번호를 눌러 주세요

1 여기는 어디예요?
2 한국에 와서 우체국이나 은행에 가 봤어요?

5-1 소포를 보내려고 왔는데요
I'm here to send a package

우표를 붙이다

우편번호를 쓰다

번호표를 뽑다

상자

상자 box
우편번호를 쓰다 to write the zip code
우표를 붙이다 to attach a stamp
번호표를 뽑다 to take a number ticket

이야기해 보세요

▶ 사람들이 우체국에서 뭐 하고 있어요?

- 엽서를 보내다/부치다
- 소포를 보내다/부치다
- 소포를 포장하다
- 봉투에 넣다

엽서를 보내다/부치다 to send/ship a postcard
소포를 포장하다 to wrap a package
소포를 보내다/부치다 to send/ship a package
봉투에 넣다 to put in an envelope

5-1. 소포를 보내려고 왔는데요 87

말하기 1 친구와 연습해 보세요.
Practice with your partner.

가: 어떻게 오셨어요?
나: 편지를 부치려고 왔는데요.
가: 저쪽에서 번호표를 뽑고 기다려 주세요.
나: 네. 알겠습니다.

1) 소포를 보내다
2) 우표를 사다
3) 서류를 보내다

말하기 2 친구와 연습해 보세요.
Practice with your partner.

가: 미국으로 소포를 보내러 왔는데요.
나: 비행기로 보내실 거예요, 배로 보내실 거예요?
가: 비행기로 보내면 얼마나 걸려요?
나: 오늘 보내면 일주일쯤 걸릴 거예요.

미국, 1주일

1)
베트남, 1달

2)
일본, 3일

3)
브라질, 2개월

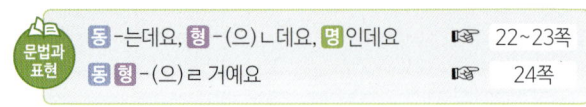

문법과 표현	동-는데요, 형-(으)ㄴ데요, 명인데요	☞ 22~23쪽
	동 형-(으)ㄹ 거예요	☞ 24쪽

서류 document

말하기 3 친구와 이야기해 보세요.
Talk with your partner.

마리: 안녕하세요? 일본으로 소포를 보내려고 왔는데요.
직원: 상자를 저울 위에 올려 주세요. 안에 뭐가 들었어요?
마리: 책이 들었어요. 비행기로 보내면 얼마예요?
직원: 21,000원입니다.
마리: 오늘 보내면 언제 도착해요?
직원: 보통 사흘쯤 걸리는데요.
　　　내일이 주말이라서 조금 더 걸릴 겁니다.

발음
- 뭐가 들었어요?
- 얼마예요?
- 언제 도착해요?

비행기 ✈

일본 중국	말레이시아 베트남 몽골	미국 러시아 프랑스	브라질 콜롬비아 케냐
21,000원	32,000원	39,000원	50,000원
3일		1주일	

배 🚢

일본 중국	말레이시아 베트남 몽골	미국 러시아 프랑스	브라질 콜롬비아 케냐
15,500원	17,000원	18,500원	20,000원
한 달		두 달	

일본
책, 비행기
21,000원, 사흘

저울 scale　　올리다 to place on top　　들다 to contain　　콜롬비아 Colombia　　케냐 Kenya

Listening 5-1
듣기

준비 한국에서 택배를 받아 봤어요? 어떻게 받았어요?
Have you ever received a delivery in Korea? How did you receive it?

듣기 1 나나와 택배 기사의 대화입니다. 잘 듣고 맞는 것을 고르세요.
This is a conversation between Nana and a courier. Listen carefully and choose the correct statement.

① 여자는 남자에게 전화를 했습니다.
② 여자는 집에 가서 남자를 기다릴 것입니다.
③ 남자는 집에 사람이 없으면 문 앞에 택배를 놓고 갈 것입니다.

고향에서 택배를 받았어요? 여러분이 집에 없을 때 택배를 어떻게 받았어요?
Have you received a package in your hometown? How did you receive it when you weren't at home?

> 저는 인터넷 쇼핑을 좋아해서 고향에서 택배를 자주 받았어요. 제가 집에 없으면 기사님이 집 앞에 택배를 놓고 가셨어요.

택배 기사 courier   맞다 to be correct   문 door   놓다 to place

준비 한국에서 우체국에 가 봤어요? 왜 갔어요?
Have you been to the post office in Korea? Why did you go?

듣기 2 우체국 직원과 닛쿤의 대화입니다. 잘 듣고 질문에 답해 보세요.
This is a conversation between the post office clerk and Nichkhun. Listen carefully and answer the questions.

1 남자가 뭐 했어요? 모두 고르세요.

①    ②    ③

2 맞으면 ○, 틀리면 × 하세요.

1) 남자는 태국으로 옷을 부치려고 합니다.   (   )
2) 비행기로 보내면 요금이 15,000원입니다.   (   )
3) 이 소포는 한 달 후에 도착할 것입니다.   (   )

💬 소포를 보내 봤어요? 어떻게 보냈어요? 얼마나 걸렸어요?
Have you ever sent a package? How did you send it? How long did it take?

> 저는 몽골로 책을 보냈는데요.
> 비행기로 보내면 너무 비싸서 배로 보냈어요.
> 시간은 ….

정도 approximately   요금 rate

5-2 비밀번호를 눌러 주세요
Please enter your password

통장

체크카드

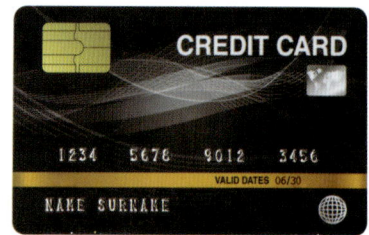
신용카드

신분증을 내세요.

신분증을 내다

신청서를 쓰다

서명하다

비밀번호를 누르다

통장 bankbook 체크카드 debit card 신용카드 credit card
신분증을 내다 to provide one's ID 신청서를 쓰다 to fill out an application 서명하다 to sign
비밀번호를 누르다 to enter the password

이야기해 보세요

▶ 은행에서 뭘 할 수 있어요?

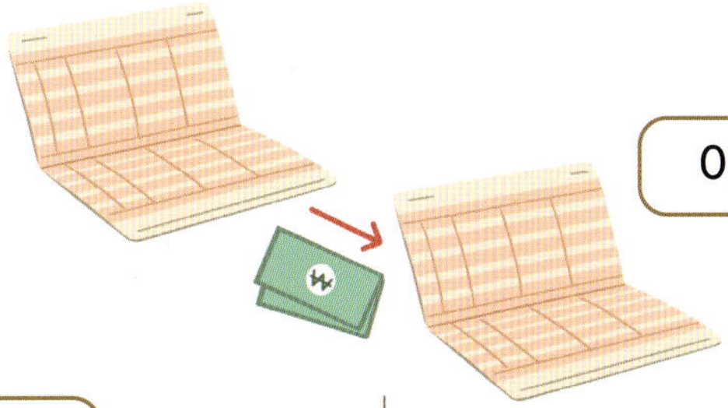

입금 — 돈을 넣다

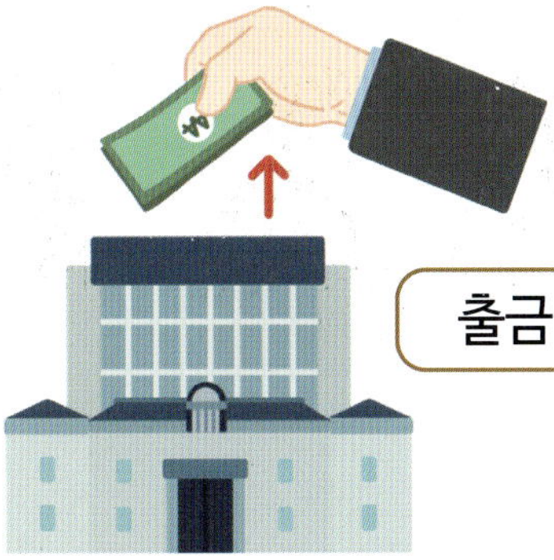

출금 — 돈을 찾다

환전 — 돈을 바꾸다

송금 / 이체 — 돈을 보내다

돈을 넣다 to deposit money 　　돈을 보내다 to send money 　　입금 deposit
출금 withdrawal 　　환전 foreign exchange 　　송금 wire transfer
이체 transfer

Reading 5-2 읽기

준비 어떻게 은행을 이용해요?
How do you use the bank?

읽기 1 에이티엠(ATM) 화면입니다. 잘 읽고 맞으면 ○, 틀리면 × 하세요.
This is an ATM screen. Read carefully and write ○ for true and × for false.

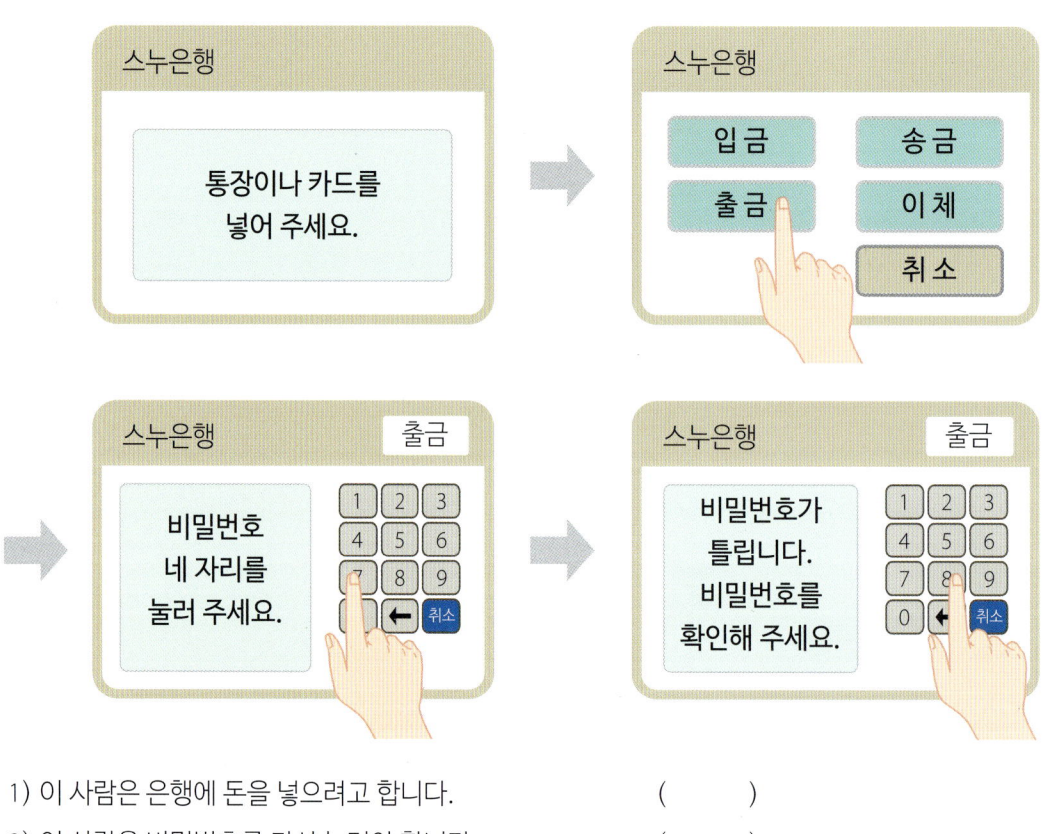

1) 이 사람은 은행에 돈을 넣으려고 합니다. ( )
2) 이 사람은 비밀번호를 다시 눌러야 합니다. ( )

문법과 표현
'르' 불규칙　☞　25쪽
동-(으)면 되다　☞　26쪽

취소 cancel　자리 digit　틀리다 to be incorrect

읽기 2 제니의 블로그입니다. 잘 읽고 질문에 답해 보세요.
This is Jenny's blog. Read carefully and answer the questions.

첫 환전, 성공!

오늘 환전을 하러 은행에 다녀왔습니다. 저는 신분증과 돈을 준비해서 갔습니다. 은행에 들어가서 먼저 번호표를 뽑고 조금 기다렸습니다. 직원이 제 번호를 **불러서** 창구로 갔습니다. 그리고 직원에게 이렇게 말했습니다.

"환전하려고 하는데요. 500달러를 한국 돈으로 바꿔 주세요."

그리고 신분증과 돈을 주고 서류에 서명했습니다. 한국에서 환전하는 것이 처음이라서 걱정했습니다. 그렇지만 별로 어렵지 않았습니다. 환전을 하고 싶으면 신분증과 돈만 **준비하면 됩니다.** 🙂

1 제니는 직원에게 뭘 줬어요? 맞는 것을 모두 고르세요.

①    ②    ③

2 맞는 것을 고르세요.

① 제니는 돈을 바꾸러 은행에 갔습니다.
② 제니는 전에 한국에서 환전을 해 봤습니다.
③ 제니는 은행에서 번호표를 받고 은행원을 불렀습니다.

 은행에서 뭐 해 봤어요? 뭐가 필요했어요?
What have you done at the bank? What did you need?

> 저는 입금을 해 봤는데요.
> 통장이나 카드가 필요했어요.

첫 first   성공 success   다녀오다 to go to and from   창구 (bank teller) window   달러 dollar   걱정하다 to worry
그렇지만 but   은행원 teller

준비 은행이나 우체국에 가서 뭘 해 봤어요? 메모해 보세요.
What did you do at a bank or post office? Write down your notes.

| 어디에 갔어요? | 뭘 하러 갔어요? | 뭘 준비했어요? |

| 직원에게 어떻게 말했어요? | 어땠어요? 😊 ☹ |

쓰기 은행이나 우체국에 간 경험을 써 보세요.
Write about your experience of going to the bank or post office.

과제 / Task

💬 **은행에 가서 통장과 체크카드를 만들어 보세요.**
Visit a bank and create a bankbook and a debit card.

1 오늘 처음 은행에 갑니다. 뭘 해야 할까요? 다음을 써 보세요.
You're going to visit a bank for the first time today. What do you need to do? Fill in the following application.

신청서			
성명			
국적		여권번호	
주소			
연락처			서명
이메일			
추가 서비스 신청			
체크카드	☐ 신청 ☐ 신청 안 함	교통 카드	☐ 신청 ☐ 신청 안 함

추가 additional   서비스 service

2. 은행 직원과 손님이 되어 이야기해 보세요.
Role-play as a teller and a customer with your partner.

 어떻게 오셨어요?

네. 그럼 통장을 만들어 드릴게요. 먼저 이 신청서를 써 주세요.

신분증도 주시겠어요?

여기에 서명해 주세요.

통장 비밀번호 네 자리를 눌러 주세요.

체크카드도 만들어 드릴까요?

교통 카드로 사용하실 거예요?

체크카드 비밀번호 네 자리를 눌러 주세요.

여기 통장과 카드 나왔습니다.

네.

네. 여기 있어요.

네.

네.

⋯

네.

한국의 우체국에서는 여러 가지 일들을 할 수 있어요
You can do many things at a post office in Korea.

한국의 우체국에서는 뭘 할 수 있어요?

우편 서비스 우체국 소포
우체국 쇼핑 우체국 예금
우체국 보험

↳ 여러분 나라의 우체국에서는 뭘 할 수 있어요?

발음 Pronunciation

의문사가 있는 의문문은 문장의 끝을 내려서 말합니다.
For interrogative sentences with interrogative words, the intonation is lowered at the end.

예) 가: 안에 뭐가 들었어요? 가: 비행기로 보내면 얼마예요?
나: 책이 들었어요. 나: 21,000원입니다.

자기 평가 Self-Check

☐ 우체국에 가 봤어요?
  소포를 보내고 싶으면 어떻게 해야 돼요?

☐ 은행에 가 봤어요?
  환전을 하거나 통장을 만들고 싶으면 어떻게 해야 돼요?

우편 mail   예금 deposit/savings   보험 insurance

6

하루 일과 Daily Routine

6-1 토요일마다 청소를 해요

6-2 수업이 끝난 후에 인사동에 갔어요

1 이 사람들은 뭐 하고 있어요?
2 여러분은 매일 뭐 해요?

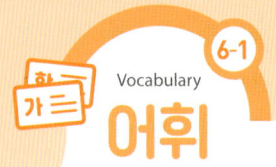

토요일마다 청소를 해요
I clean every Saturday

정리하다

닦다

세탁기를 돌리다

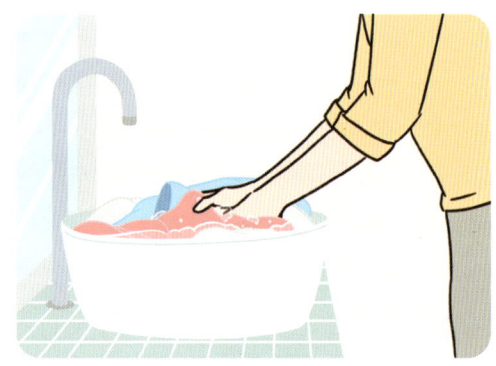

옷을 빨다

청소기를 돌리다

컵
숟가락
젓가락

설거지하다
그릇을 씻다

정리하다 to clean up	닦다 to mop	세탁기를 돌리다 to run the washing machine
옷을 빨다 to wash clothes	청소기를 돌리다 to vacuum	설거지하다 to do the dishes
그릇을 씻다 to wash the plates	컵 cup	숟가락 spoon · 젓가락 chopstick(s)

이야기해 보세요

▶ 어떤 집안일을 좋아해요?
▶ 어떤 집안일을 싫어해요?

- 쓰레기를 버리다
- 음식물 쓰레기
- 일반 쓰레기
- 재활용 쓰레기
- 플라스틱
- 캔
- 쓰레기 봉투

쓰레기를 버리다 to throw away trash　　음식물 쓰레기 food waste
일반 쓰레기 general waste　　재활용 쓰레기 recyclable waste

Speaking 6-1 말하기

말하기 1 친구와 연습해 보세요.
Practice with your partner.

가: 방학 때 뭐 할 거예요?
나: 저는 **주말마다 여행 갈 거예요**. 에릭 씨는요?
가: 저는 **아침마다 운동을 하려고 해요**.
나: 좋은 생각이네요.

1) 토요일, 등산하다 / 아침, 수영하다
2) 월요일, 태권도 배우다 / 주말, 아르바이트하다
3) 수요일, 영화 보다 / 저녁, 영어 공부하다

말하기 2 친구와 연습해 보세요.
Practice with your partner.

가: 점심 먹고 같이 청소할까요?
나: 좋아요. 뭐부터 할까요?
가: 제가 **방 청소를 할게요**.
나: 그럼 저는 **화장실 청소를 할게요**.

1) 냉장고를 정리하다 / 쓰레기를 버리다
2) 청소기를 돌리다 / 방을 닦다
3) 세탁기를 돌리다 / 설거지하다

문법과 표현
명 마다 ☞ 27쪽
동 -(으)ㄹ게요 ☞ 28쪽

말하기 3 친구와 이야기해 보세요.
Talk with your partner.

나나: 제니 씨, 지금 청소할 거예요? 저도 같이 해요.
제니: 좋아요. 같이 해요. 나나 씨가 청소기를 돌리세요. 제가 방을 닦을게요.
나나: 좋아요. 청소기를 돌리고 나서 재활용 쓰레기도 버리고 올게요.
· · ·
나나: 집이 깨끗하니까 참 좋네요.
제니: 그렇죠? 우리 이제 토요일마다 같이 청소할까요?
나나: 네. 좋아요.

발음
- 청소할 거예요
  [청소할꺼예요]
- 닦을게요
  [다끌께요]
- 올게요
  [올께요]

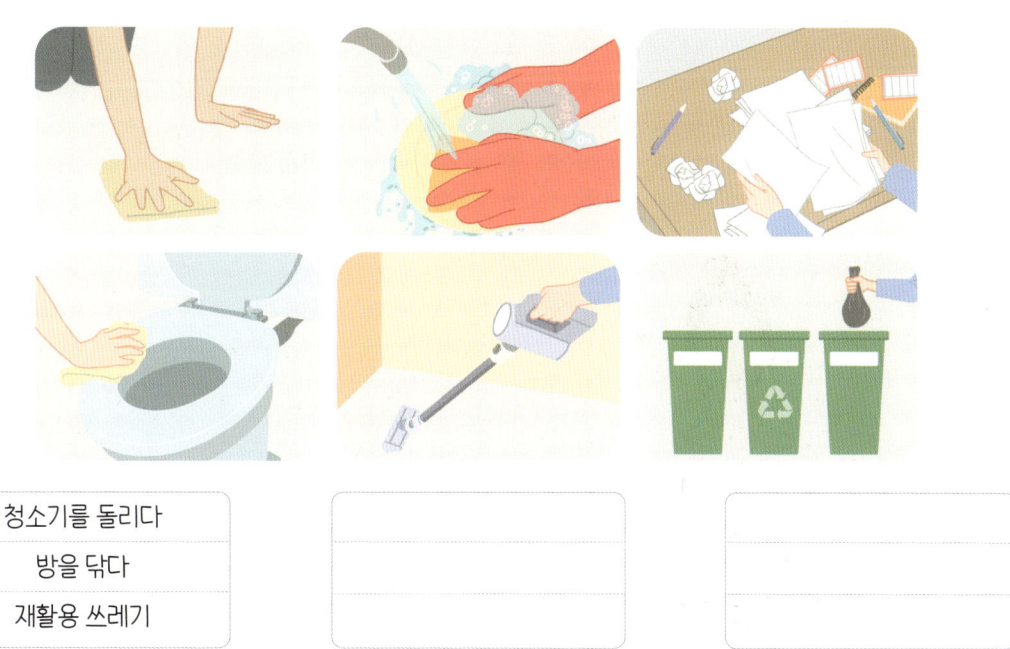

| 청소기를 돌리다 |
| 방을 닦다 |
| 재활용 쓰레기 |

참 very   이제 now

준비 청소를 자주 해요? 대청소하는 날이 있어요?
Do you clean often? Is there a day when you do spring cleaning?

듣기 1 마리와 남편의 대화입니다. 잘 듣고 연결하세요.
This is a conversation between Mari and her husband. Listen carefully and match the pictures accordingly.

1)  • • ①

• ②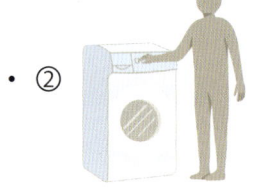

2)  • • ③

집안일 중에서 뭐 하는 걸 제일 좋아해요? 왜 좋아해요?
What is your favorite household chore? Why do you like it?

저는 설거지하는 걸 좋아해요.
깨끗한 그릇을 보면 기분이 좋아요.

지저분하다 to be messy   대청소 spring cleaning   그동안 in the meantime

준비 아래에 있는 가전제품으로 뭐 해요?
What do you do with the below appliances?

듣기 2 하이와 자밀라의 대화입니다. 잘 듣고 질문에 답해 보세요.
This is a conversation between Hai and Jamila. Listen carefully and answer the questions.

1. 남자가 산 물건은 뭐예요? 맞는 것을 고르세요.

①  ② 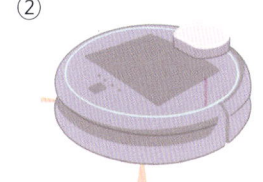 ③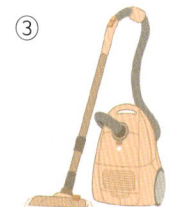

2. 맞는 것을 고르세요.

① 여자는 지난주에 로봇청소기를 샀습니다.
② 여자는 이사한 집이 커서 청소하는 게 힘듭니다.
③ 여자는 남자에게 좋은 가전제품을 소개했습니다.

집안일에 대해서 친구와 이야기해 보세요.
Talk to your classmates about household chores.

	친구 이름:	친구 이름:
얼마나 자주 청소해요? 언제 청소해요?		
어떤 집안일이 힘들어요?		
어떤 가전제품을 갖고 싶어요?		

넓다 to be spacious   로봇 robot   사이트 site   집안일 household chores   가전제품 appliances   갖다 to have

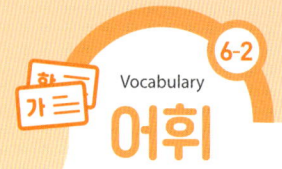

수업이 끝난 후에 인사동에 갔어요
I went to Insa-dong after class

나가다/나오다

돌아가다/돌아오다

화장하다

화장을 지우다

머리를 감다

목욕하다

나가다/나오다 to leave/come out
머리를 감다 to wash one's hair
화장을 지우다 to remove one's makeup
목욕하다 to take a bath

이야기해 보세요

▶ 아침부터 밤까지 뭐 해요?
▶ 여러분은 매일 하는 일이 있어요?

예습하다

수업을 듣다

복습하다

낮잠을 자다

일기를 쓰다

통화를 하다

예습하다 to preview 수업을 듣다 to take classes 복습하다 to review
낮잠을 자다 to take a nap 일기를 쓰다 to write a diary 통화를 하다 to talk on the phone

Reading 6-2
읽기

준비 수업이 끝난 후에 보통 뭐 해요?
What do you usually do after class?

읽기 1 안나와 다니엘의 메시지입니다. 잘 읽고 질문에 답해 보세요.
This is a text message between Anna and Daniel. Read carefully and answer the questions.

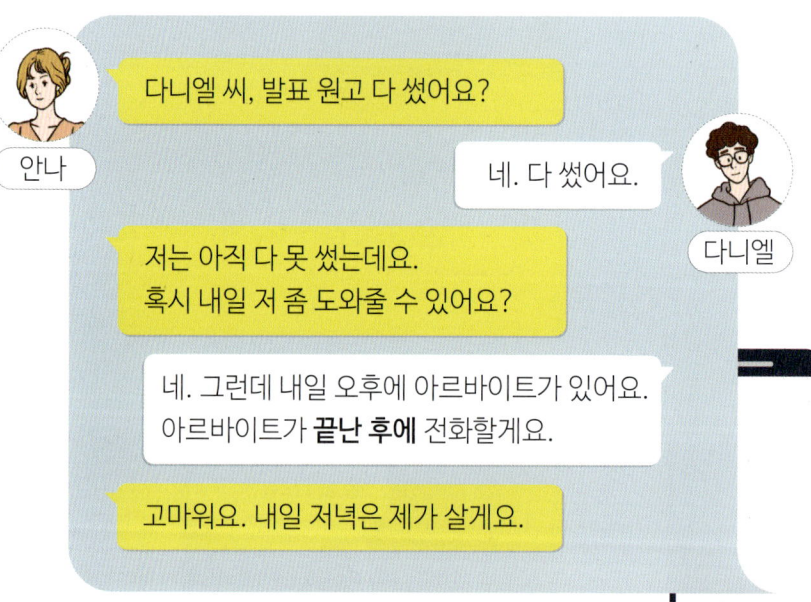

안나: 다니엘 씨, 발표 원고 다 썼어요?
다니엘: 네. 다 썼어요.
안나: 저는 아직 다 못 썼는데요. 혹시 내일 저 좀 도와줄 수 있어요?
다니엘: 네. 그런데 내일 오후에 아르바이트가 있어요. 아르바이트가 **끝난 후에** 전화할게요.
안나: 고마워요. 내일 저녁은 제가 살게요.

❖ 두 사람은 내일 뭐 할 거예요? 모두 고르세요.

①  ②  ③

문법과 표현
동-기 전에 ☞ 29쪽
동-(으)ㄴ 후에 ☞ 30쪽

원고 manuscript   혹시 by any chance

읽기 2 **아야나의 일기입니다. 잘 읽고 질문에 답해 보세요.**
This is Ayana's diary. Read carefully and answer the questions.

나의 하루
3월 27일 화요일

오늘은 수업이 **끝난 후에** 인사동에 갔어요. 다음 주 수요일이 엄마 생신이라서 엄마를 생각하면서 귀걸이를 만들었어요. 그리고 집에 **오기 전에** 우체국에 가서 귀걸이를 소포로 보냈어요. 집에 오면서 엄마와 통화를 했지만 귀걸이 이야기는 하지 않았어요. 엄마가 선물을 받으시면 깜짝 놀라실 거예요.

집에 와서 잠깐 낮잠을 자고 저녁을 **먹은 후에** 숙제와 예습을 했어요. 그리고 목욕했어요. 바빴지만 재미있는 하루였어요.

1 아야나가 수업 후에 한 일을 순서대로 쓰세요.

①  ②  ③  ④

(③) → (   ) → (   ) → (   )

2 맞는 것을 고르세요.

① 아야나는 목욕하고 나서 낮잠을 잤습니다.
② 아야나의 엄마는 선물을 받고 좋아하셨습니다.
③ 아야나는 인사동에서 엄마 생신 선물을 준비했습니다.

 어제 수업이 끝나고 뭐 했어요?
What did you do after class yesterday?

저는 어제 수업이 끝난 후에 ….

생각하다 to think   귀걸이 earring   깜짝 astonishingly   놀라다 to be surprised   잠깐 momentarily

Writing 쓰기 6-2

준비 지난주에 언제 제일 바빴어요? 그날 한 일을 메모해 보세요.
When were you the busiest last week? Write down all the things you did that day.

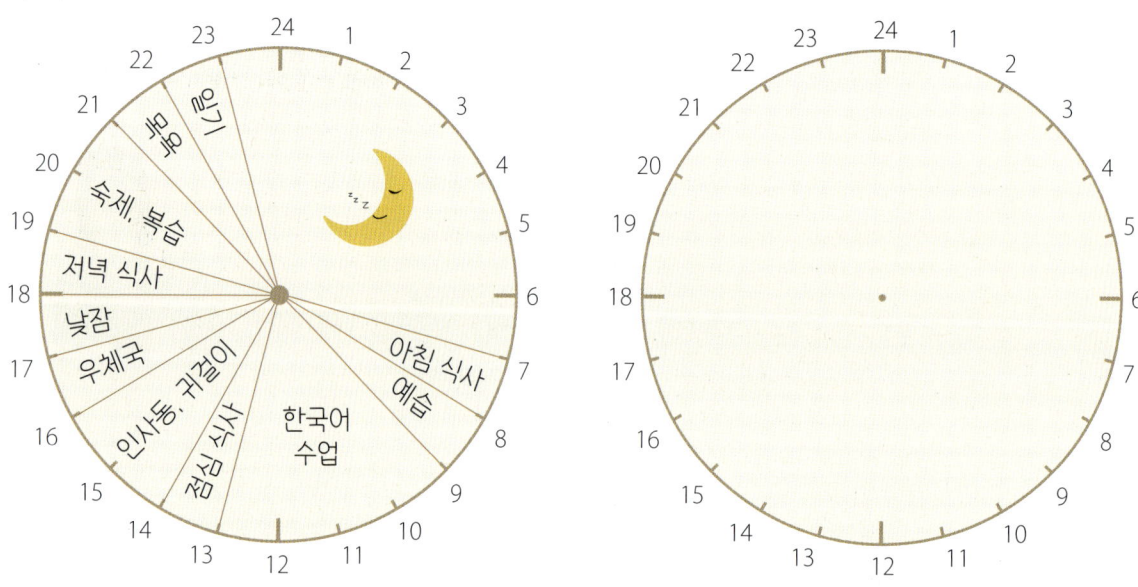

쓰기 그날의 일기를 써 보세요.
Write a diary entry of that day.

나의 계획을 쓰고 친구와 약속을 만들어 보세요.
Write down your schedule and make plans with your partner.

1 나의 일주일 계획을 쓰세요.
Write down your one-week plan.

보기

월	화	수	목	금	토	일
9:00 한국어	9:00 한국어	9:00 한국어	9:00 한국어	9:00 한국어		
3:00 아르바이트	7:00 친구, 저녁	3:00 아르바이트				

월	화	수	목	금	토	일

2 친구와 만날 수 있는 시간을 정하세요.
Find a time when you and your partner can meet up.

> 월요일에 뭐 해요?
> 수업 끝난 후에 만날까요?

> 미안해요. 월요일 오후에는 아르바이트를 해요. 저는 월요일하고 수요일마다 아르바이트를 해요.

3 친구와 만나서 하고 싶은 일을 함께 써 보세요.
Write down all the things you want to do together when you meet your partner.

보기	
하고 싶은 일	
☐ 영화	
☐ 카페	
☐ 점심 식사	
☐ 노래방	

하고 싶은 일
☐
☐
☐
☐

4 뭘 먼저 할 거예요? 번호를 쓰세요.
What are you going to do first? Make a list and number them.

5 친구와의 계획을 발표해 보세요.
Present the plans you are going to have with your partner.

어디에 버려야 할까요?
Where do you throw this away?

쓰레기를 버려 보세요.

일반 쓰레기 | 음식물 쓰레기 | 재활용 쓰레기

➡ 여러분 나라에서는 쓰레기를 어떻게 버려요?

발음 / Pronunciation

'-(으)ㄹ' 뒤에 오는 'ㄱ'은 [ㄲ]로 발음합니다.
'ㄱ' that comes after '-(으)ㄹ' is pronounced as [ㄲ].

예) 가: 누가 방을 닦을 거예요?   가: 어디 가요?
    나: 제가 방을 닦을게요.   나: 쓰레기 좀 버리고 올게요.

자기 평가 / Self-Check

☐ 언제 집안일을 해요?
☐ 어제 하루 동안 뭐 했어요?

7

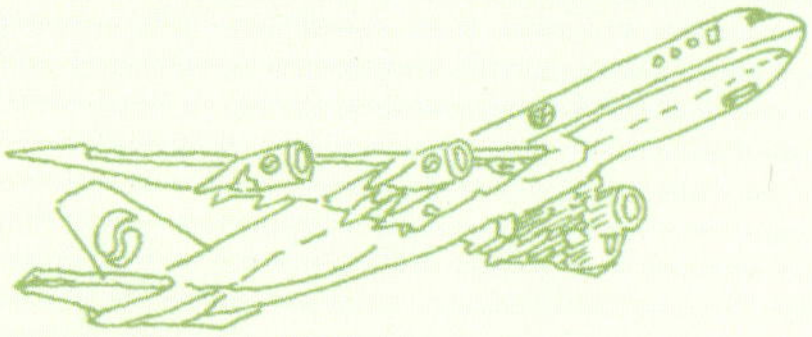

길 찾기 Getting Directions

7-1 서울대학교까지 얼마나 걸릴까요?

7-2 영화관이 어디에 있는지 아세요?

1 학교에 뭐 타고 다녀요?
2 처음 가는 곳에 어떻게 찾아가요?

서울대학교까지 얼마나 걸릴까요?
How long would it take to get to Seoul National University?

지하도 / 신호등 / 횡단보도 / 사거리 / 육교

지하도 underpass   신호등 traffic light   횡단보도 crosswalk
사거리 intersection   육교 pedestrian overpass

이야기해 보세요

▶ 거리에 뭐가 있어요?
▶ 택시에서 어떻게 말해요?

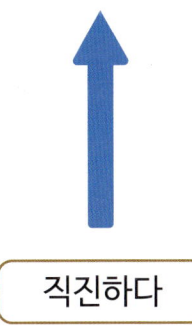 직진하다

 좌회전하다

 우회전하다

 유턴하다

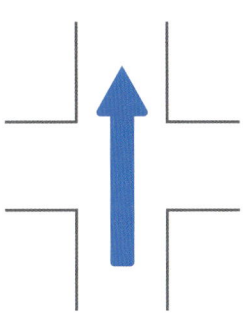 지나다

 세우다

직진해 주세요.

직진하다 to go straight   좌회전하다 to make a left turn   우회전하다 to make a right turn
유턴하다 to make a U-turn   지나다 to pass   세우다 to stop

Speaking 7-1
말하기

말하기 1 친구와 연습해 보세요.
Practice with your partner.

가: 지금 지하철을 타면 사람이 많을까요?
나: 아니요. 많지 않을 거예요.
가: 그럼 우리 지하철을 탈까요?
나: 네. 좋아요.

1) 버스를 타다 / 시간이 오래 걸리다
2) 걸어가다 / 늦다
3) 택시를 타다 / 요금이 많이 나오다

말하기 2 친구와 연습해 보세요.
Practice with your partner.

가: 부산에 뭐 타고 가는 게 좋을까요?
나: 기차로 가는 게 좋을 것 같아요.
가: 시간이 얼마나 걸릴까요?
나: 2시간 반쯤 걸릴 거예요.

1) 비행기, 빠르다 / 1시간
2) 버스, 싸다 / 4시간
3) 차, 편하다 / 5시간

문법과 표현		
동 형 -(으)ㄹ까요?	☞	31쪽
동 형 -(으)ㄹ 것 같다, 명 일 것 같다	☞	32쪽

오래 a long time　　걸어가다 to walk　　(요금이) 나오다 (the fare) to come out　　빠르다 to be fast

말하기 3 친구와 이야기해 보세요.
Talk with your partner.

크리스: 기사님, 서울대학교로 가 주세요.
기 사: 네. 알겠습니다.
크리스: 시간이 얼마나 걸릴까요?
기 사: 출근 시간이라서 30분쯤 걸릴 것 같습니다.
　　　...
기 사: 여기에서 어느 쪽으로 갈까요?
크리스: 좌회전해 주세요. 저기 보이는 언어교육원 앞에 세워 주세요.

> **발음**
> • 서울대학교로
> 　[서울대학꾜]
> • 좌회전해 주세요
> 　[좌회전해]

1) 좌회전하다 / 언어교육원 앞
2)
3)
4)

기사 driver　출근 going to work　쪽 way　보이다 to be seen

준비 한국에서 택시를 타 봤어요?
Have you taken a taxi in Korea?

듣기 1 택시 기사와 제니의 대화입니다. 잘 듣고 질문에 답해 보세요.
This is a conversation between a taxi driver and Jenny. Listen carefully and answer the question.

❖ 여자는 어디에서 내릴 거예요? 맞는 것을 고르세요.

① 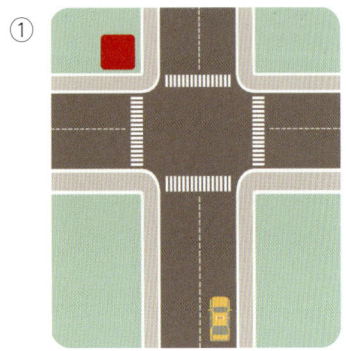   ② 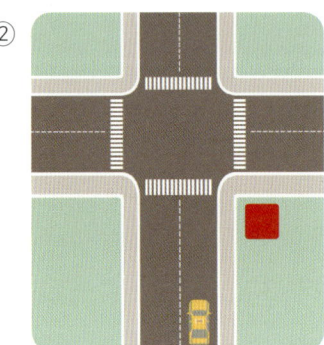   ③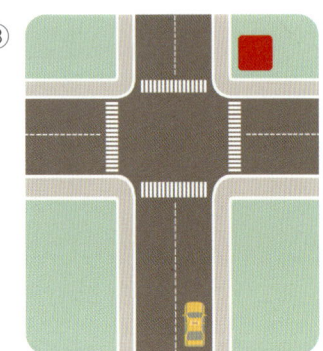

택시에서 내릴 곳을 말할 때
When saying the drop-off location in a taxi

지하철역 앞에서 세워 주세요.
지하철역 앞에서 내려 주세요.

 한국에서 어떤 대중교통을 이용해 봤어요? 어땠어요?
What kind of public transportation have you used in Korea? How was it?

저는 한국에서 지하철을 타 봤어요.
한국 지하철은 빠르지만
출퇴근 시간에는 사람이 너무 많아요.

출퇴근 commuting

준비 보통 언제 길이 막혀요?
When is there usually traffic?

듣기 2 엥흐와 아야나의 대화입니다. 잘 듣고 질문에 답해 보세요.
This is a conversation between Enkh and Ayana. Listen carefully and answer the questions.

1 대화에 알맞은 그림을 고르세요.

①  ②  ③

2 맞는 것을 고르세요.

① 남자는 친구를 기다리고 있습니다.
② 남자는 공사하는 곳을 지났습니다.
③ 남자는 약속 장소에 늦게 도착할 것입니다.

여러분 고향에서는 어떤 대중교통을 많이 이용해요?
What kind of public transportation do you often use in your hometown?

제 고향은 베이징인데 자주 길이 막혀요.
그래서 저는 지하철을 타고 학교에 다녔어요.

사당역 Sadang Station   공사하다 to be under construction   베이징 Beijing

영화관이 어디에 있는지 아세요?
Do you know where the movie theater is?

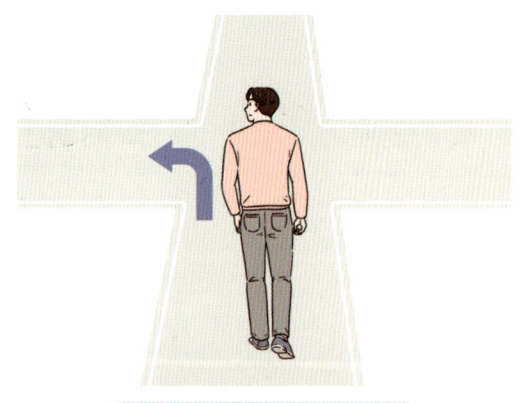

왼쪽으로 돌아가다

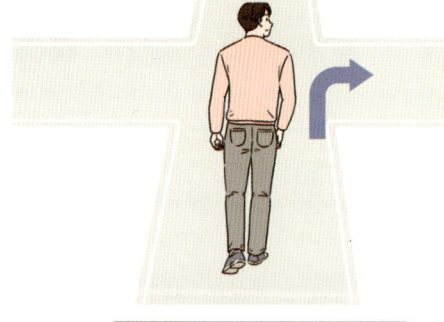

오른쪽으로 돌아가다

사거리에서 왼쪽으로 돌아가세요.

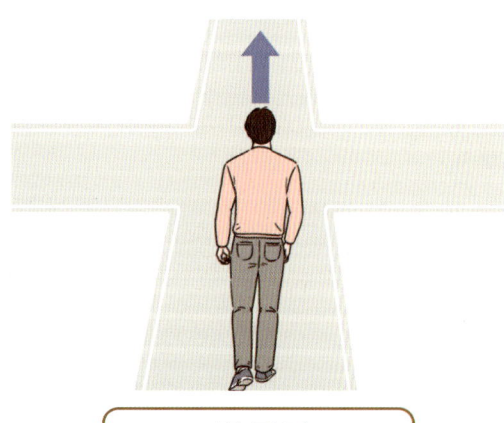

쭉 가다

건너다

왼쪽으로 돌아가다 to make a detour to the left   오른쪽으로 돌아가다 to make a detour to the right
쭉 가다 to keep straight   건너다 to cross

이야기해 보세요

▶ 버스 정류장까지 어떻게 가야 돼요?
▶ 친구를 어디에서 기다려요?

출구

입구

주차장

맞은편

호선

출구 exit   입구 entrance   주차장 parking lot   맞은편 other side   호선 subway line

Reading 7-2 읽기

준비 처음 가는 곳에 어떻게 찾아가요?
How do you find a place you're going for the first time?

읽기 1 영화관 안내입니다. 잘 읽고 맞는 것을 고르세요.
These are directions to a movie theater. Read carefully and choose a correct statement.

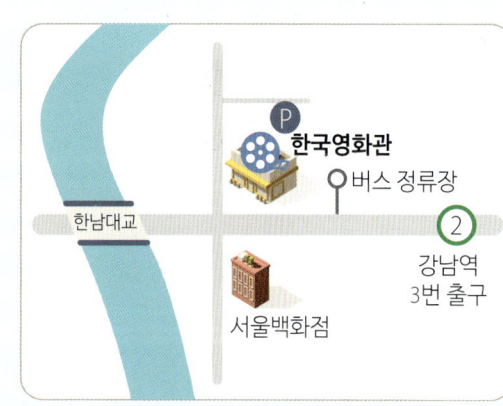

▶ 버스
420, 402, 340

▶ 지하철
2호선 강남역 3번 출구

▶ 자동차
강남역에서 한남대교 방향으로 **직진하다가** 영화관을 지나서 우회전하세요. 주차장은 건물 뒤에 있습니다. 주차장에 자리가 없으면 맞은편 서울백화점 지하 주차장을 이용하세요.

① 주차장 옆에 백화점이 있습니다.
② 영화관에 버스나 지하철로 갈 수 있습니다.
③ 주차장은 영화관을 지나서 왼쪽으로 돌아가면 있습니다.

문법과 표현		
동 -는지 알다/모르다, 명 -인지 알다/모르다	☞	33~34쪽
동 -다가	☞	35쪽

자동차 car   한남대교 Hannam Bridge   방향 direction   자리 space   지하 underground

읽기 2 하이가 친구들에게 보내는 메시지입니다. 잘 읽고 질문에 답해 보세요.
This is the text message Hai is sending to his classmates. Read carefully and answer the questions.

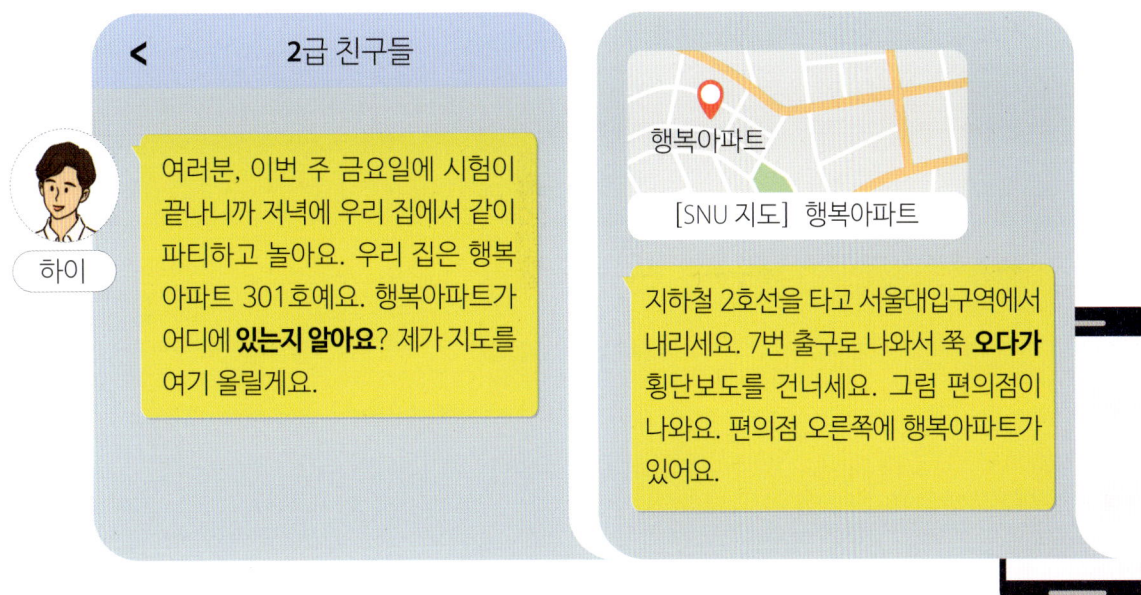

여러분, 이번 주 금요일에 시험이 끝나니까 저녁에 우리 집에서 같이 파티하고 놀아요. 우리 집은 행복아파트 301호예요. 행복아파트가 어디에 **있는지 알아요**? 제가 지도를 여기 올릴게요.

[SNU 지도] 행복아파트

지하철 2호선을 타고 서울대입구역에서 내리세요. 7번 출구로 나와서 쭉 **오다가** 횡단보도를 건너세요. 그럼 편의점이 나와요. 편의점 오른쪽에 행복아파트가 있어요.

1 하이의 집이 어디예요?
맞는 것을 고르세요.

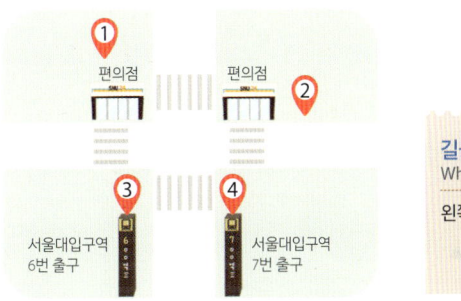

길을 알려줄 때
When giving directions

왼쪽으로 돌아가면 편의점이 있어요.
편의점이 나와요.
편의점이 보여요.

2 맞으면 ○, 틀리면 ✗ 하세요.

1) 하이와 친구들은 금요일에 시험을 봅니다.   (   )
2) 하이는 친구들을 집에 초대했습니다.   (   )
3) 하이는 편의점에서 친구들을 기다릴 것입니다.   (   )

 **친구가 여러분 집에 올 거예요.
어떻게 오면 되는지 이야기해 보세요.**
Your partner is coming over to your house.
Give directions on how to get your place.

지하철을 타고 ….

아파트 condo/apartment   지도 map   올리다 to upload   서울대입구역 Seoul National University Station

7-2. 영화관이 어디에 있는지 아세요?

준비 지도를 보고 경찰서에 가는 길을 써 보세요.
Look at the map and write down how to go to the police station.

1) _____
2) _____
3) _____

그러면 경찰서가 보여요.

쓰기 지금 지하철역 안에 있습니다. 다음 장소에 어떻게 가는지 써 보세요.
You're now at a subway station. Look at the map and write down how to go to the following locations.

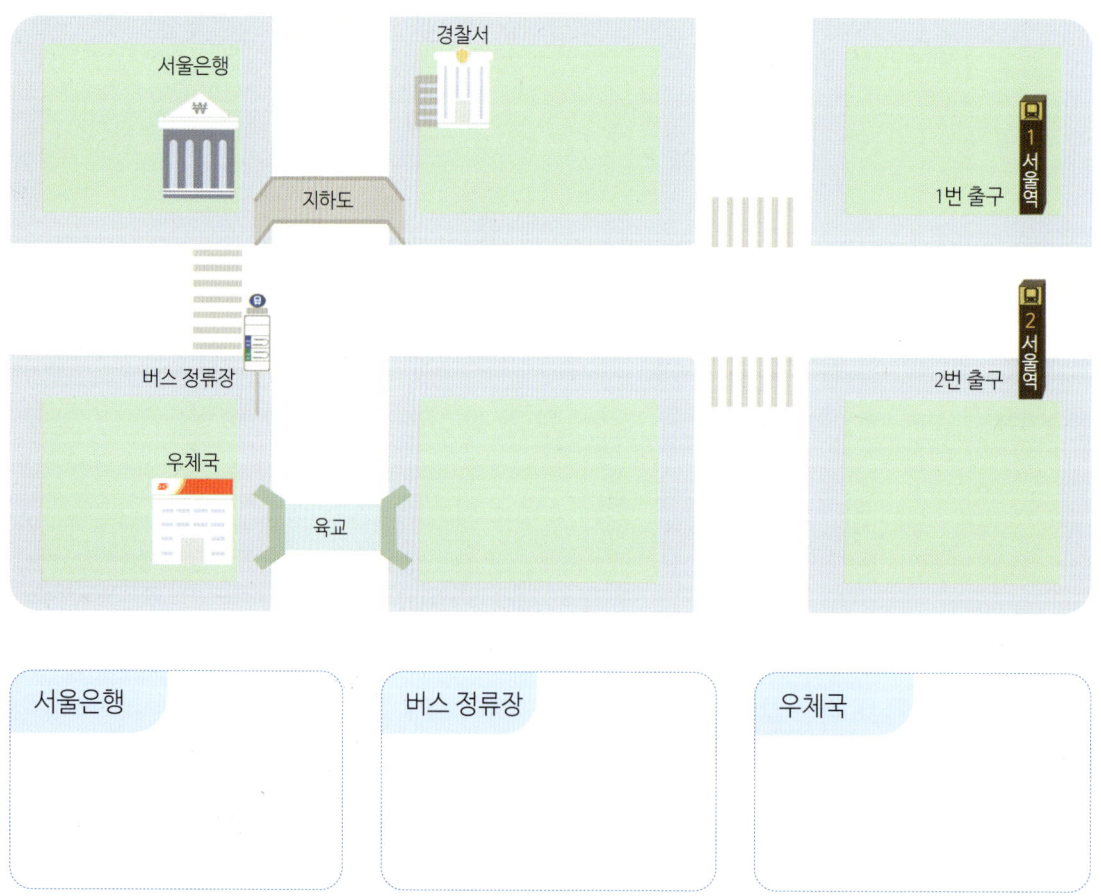

| 서울은행 | 버스 정류장 | 우체국 |

경찰서 police station

과제 / Task

🗨 **이사 온 친구에게 동네를 소개해 보세요.**
Introduce the neighborhood to your partner who just moved in.

1 친구가 옆집으로 이사 왔어요. 친구에게 가르쳐 주고 싶은 곳이 어디예요? 써 보세요.
Your partner moved next door to you. Write down the places you would want your partner to know about.

- ☐ 물건이 싼 마트
- ☐ 가까운 공원
- ☐ 맛집이 많은 거리
- ☐ 편의점
- ☐

2 휴대폰에서 지도를 찾아서 친구에게 보여 주세요. 휴대폰이 없으면 간단하게 지도를 그려 보세요.
Find a map on your cell phone and show it to your partner. If you don't have a cell phone, draw a simple map.

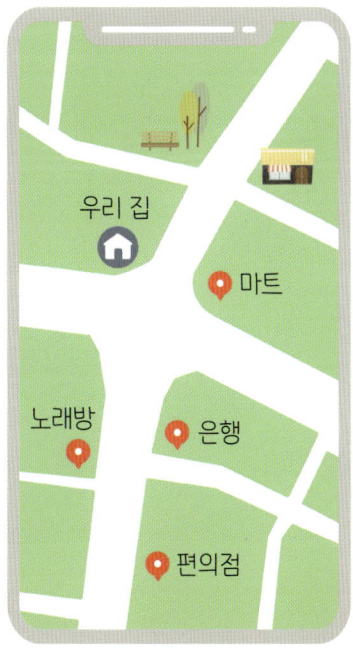

물건 item   거리 street

3 이사 온 친구에게 지도를 보여 주면서 우리 동네를 안내해 주세요.
Show the map to your partner who just moved in and introduce your neighborhood.

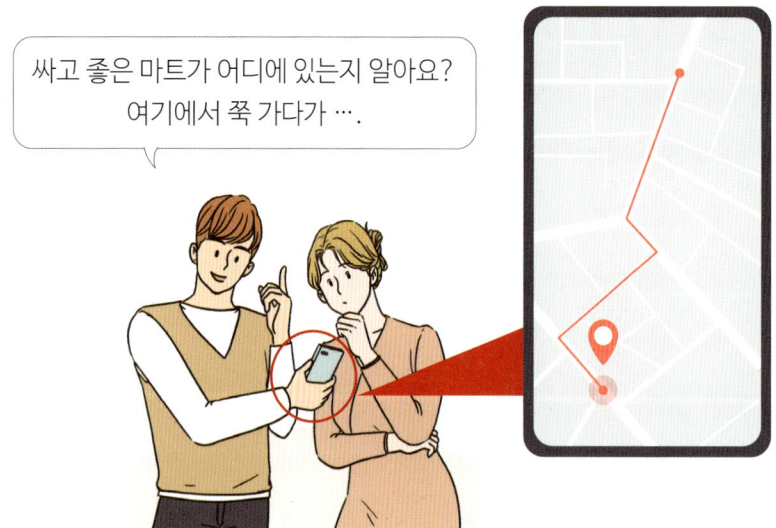

4 친구에게 더 알고 싶은 장소가 있는지 물어보세요.
Ask your partner if there is anywhere else they would like to know about.

세탁소 dry cleaner   머리를 하다 to do one's hair

한국의 교통 약자 배려석에 대해서 알아요?
Do you know about the priority seats in Korea?

버스나 지하철에서 색깔이 다른 자리를 봤어요?
여기에는 누가 앉을 수 있어요?

↳》 여러분 나라에도 교통 약자 배려석이 있어요?

발음 Pronunciation

모음 사이나 받침 'ㄴ, ㄹ, ㅁ, ㅇ' 뒤에 오는 'ㅎ'은 약하게 발음하는 경향이 있습니다.
Consonant 'ㅎ' that comes between vowels or after the final consonants 'ㄴ, ㄹ, ㅁ, ㅇ' has a tendency to be pronounced softer.

예 가: 어디로 가세요?   가: 어디에서 내려 드릴까요?
　　나: **공항**으로 가 주세요.   나: **좌회전해서** 내려 주세요.

자기 평가 Self-Check

☐ 집에서 공항까지 어떻게 가면 좋을까요?

☐ 이 근처에 편의점이 어디에 있는지 알아요?

교통 약자 배려석 priority seats

8

모임 Gathering

8-1 축하 파티를 하기로 했어요

8-2 제가 먹을 것을 준비할게요

1 이 사람들은 뭐 하고 있어요?
2 친구들하고 어떤 모임을 해 봤어요?

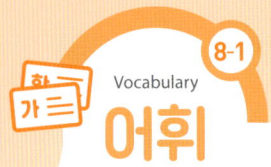

축하 파티를 하기로 했어요
We're going to throw a celebration party

축하하다

생일 파티

이사하다

집들이

환영하다

환영회

떠나다

송별회

이사하다 to move 환영하다 to welcome 떠나다 to leave
집들이 housewarming party 환영회 welcoming party 송별회 farewell party

이야기해 보세요

▶ 왜 모임을 해요?
▶ 모임을 하고 싶으면 먼저 뭘 생각해야 돼요?

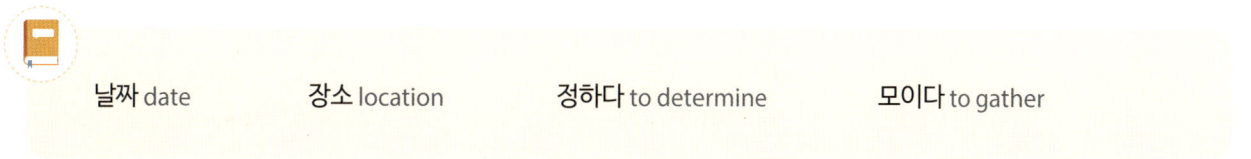

날짜 date   장소 location   정하다 to determine   모이다 to gather

말하기 (Speaking 8-1)

말하기 1 친구와 연습해 보세요.
Practice with your partner.

가: 방학에 뭐 할 거예요?
나: 친구들하고 요리 학원에 다니기로 했어요.
가: 그래요? 무슨 요리를 배울 거예요?
나: 한국 요리를 배우기로 했어요.

1) 여행하다 / 어디에 가다 / 제주도에 가다
2) 아르바이트를 하다 / 어디에서 하다 / 식당에서 하다
3) 춤을 배우다 / 무슨 춤을 배우다 / 케이팝 댄스를 배우다

말하기 2 친구와 연습해 보세요.
Practice with your partner.

가: 점심 먹고 나서 뭐 할 거예요?
나: 글쎄요. 그냥 낮잠을 잘까 해요.
가: 전 쇼핑을 할까 하는데요. 특별한 계획이 없으면 같이 쇼핑하러 가요.
나: 좋아요. 같이 가요.

1) 쉬다 / 영화를 보다
2) 집에 가다 / 커피를 마시다
3) 게임하다 / 산책을 하다

문법과 표현
동 -기로 하다　36쪽
동 -(으)ㄹ까 하다　37쪽

학원 academy　　케이팝 K-pop　　댄스 dance

말하기 3 : 친구와 이야기해 보세요.
Talk with your partner.

테오: 안나 씨, 토요일 저녁에 시간 있어요?
안나: 네. 시간 있어요. 왜요?
테오: 자밀라 씨가 취직해서 축하 파티를 하기로 했어요. 안나 씨도 올 수 있어요?
안나: 좋아요. 저도 갈게요. 선물도 살 거예요?
테오: 네. 친구들하고 같이 돈을 모아서 가방을 사 줄까 해요.
안나: 좋은 생각이네요. 저도 돈을 낼게요. 같이 사요.

발음
- 같이
 [가치]

| 취직하다 | | |
| 가방 | | |

준비 친구에게 언제 선물을 해요? 특별히 많이 하는 선물이 있어요?
When do you gift to your friends? Is there a special gift you give often?

환영회　　송별회　　집들이　　생일 파티

듣기 1 하이와 유진의 대화입니다. 잘 듣고 맞으면 ○, 틀리면 ✕ 하세요.
This is a conversation between Hai and Yujin. Listen carefully and write ○ for true and ✕ for false.

1) 남자의 친구는 이사를 했습니다. (　　)
2) 남자는 여자에게 선물을 주려고 합니다. (　　)
3) 한국 사람들은 집들이 때 휴지나 세제를 자주 선물합니다. (　　)

이사를 하면 받고 싶은 선물이 있어요? 왜 그 선물을 받고 싶어요?
Is there a gift you would like to receive once you move? Why do you want that gift?

저는 컵하고 그릇을 받고 싶어요.
새집에서 깨끗한 그릇을
사용하고 싶어요.

세제 laundry detergent　　새집 new house

준비 언제 친구들과 모임을 해요?
When do you have gatherings with friends?

듣기 2 나나와 크리스의 대화입니다. 잘 듣고 질문에 답해 보세요.
This is a conversation between Nana and Chris. Listen carefully and answer the questions.

1 두 사람과 친구들은 뭐 할 거예요? 맞는 것을 고르세요.

①  ②  ③

2 맞는 것을 고르세요.

① 다음 주에 모임을 할 것입니다.
② 남자는 좋은 식당이 어디인지 압니다.
③ 남자는 친구들에게 문자를 보낼 것입니다.

어떤 모임 약속이 있어요? 뭐 할 거예요?
What kind of gathering plans do you have? What are you going to do?

기숙사에 새 룸메이트가 와서 이번 주말에 환영회를 하기로 했어요.

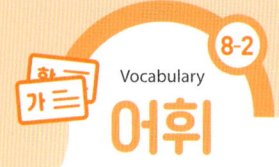

제가 먹을 것을 준비할게요
I'll prepare something to eat

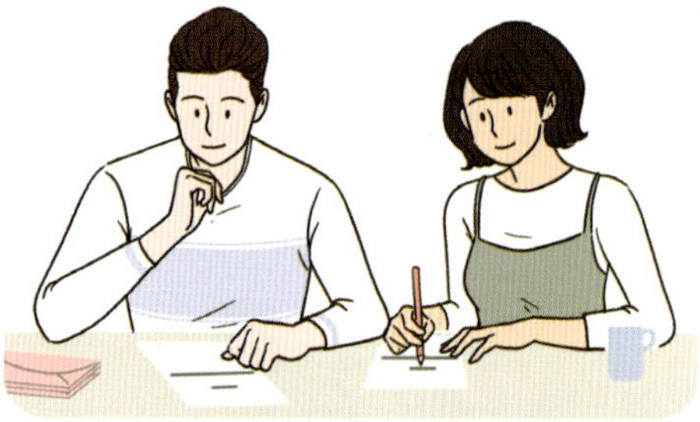

간식 / 음료

초대장을 쓰다

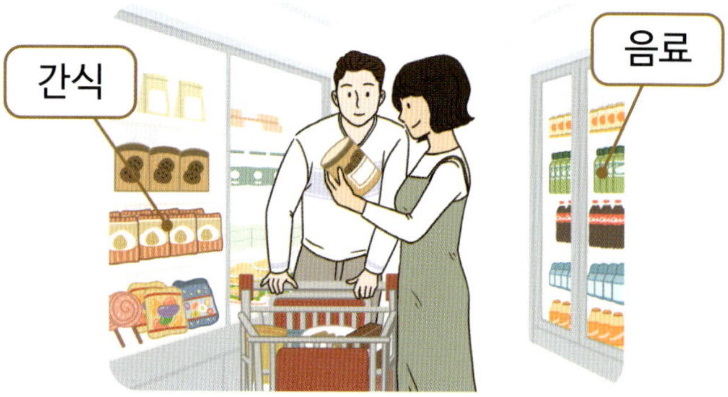

장을 보다

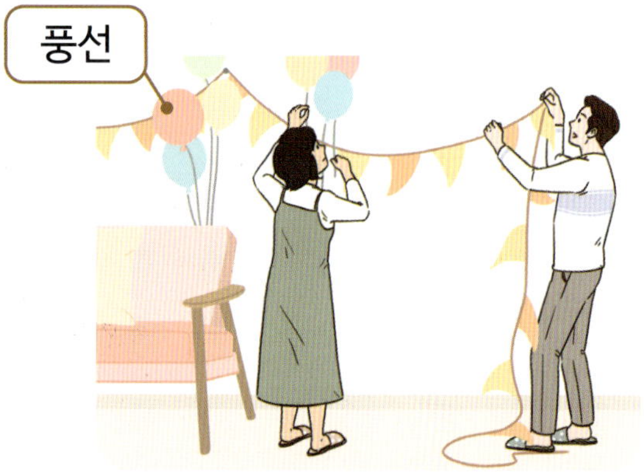

풍선

방을 장식하다

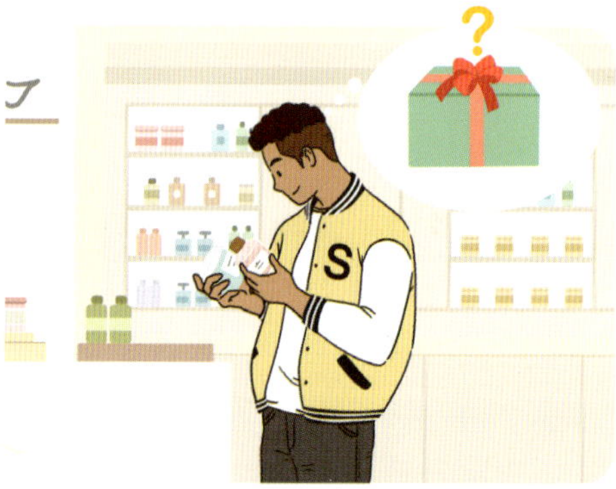

선물을 고르다

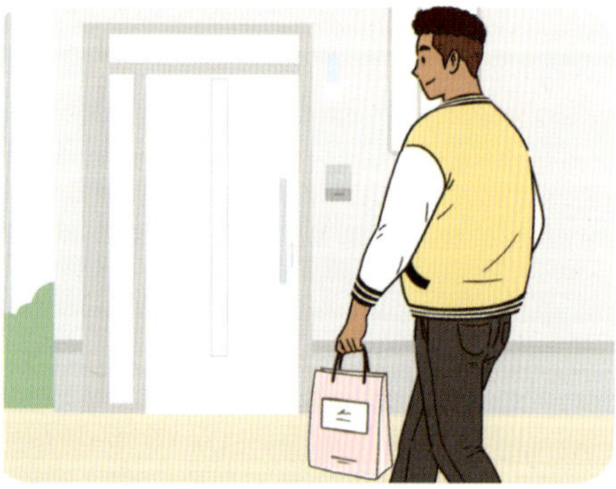

가져가다

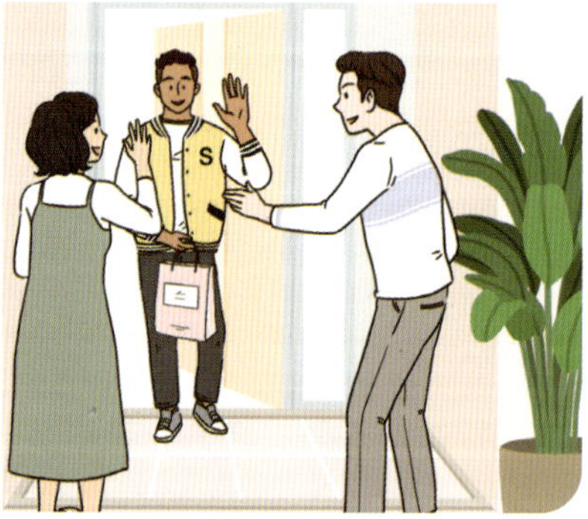

가져오다

초대장을 쓰다 to write an invitation	장을 보다 to go grocery shopping
방을 장식하다 to decorate the room	선물을 고르다 to choose a gift
가져가다/가져오다 to take/bring	간식 snacks　　음료 beverage　　풍선 balloon

이야기해 보세요

▶ 모임을 하기 전에 어떤 준비를 해요?
▶ 모임에서 뭐 해요?

촛불을 켜다

촛불을 끄다

케이크를 자르다

선물을 풀다

박수를 치다

초 candle 촛불을 켜다 to light the candles 촛불을 끄다 to blow out the candles
케이크를 자르다 to cut the cake 선물을 풀다 to open the gift 박수를 치다 to clap

Reading 8-2 읽기

준비 모임을 하기 전에 뭘 준비해야 돼요?
What do we need to prepare before the gathering?

읽기 1 다니엘과 자밀라의 메시지입니다. 잘 읽고 질문에 답해 보세요.
This is the text message between Daniel and Jamila. Read carefully and answer the questions.

 다니엘

자밀라 씨, 저 좀 도와줄 수 있어요?

네. 무슨 일인데요?

제가 오늘 모임에 간식과 음료를 사 가기로 했는데요. 일이 생겨서 아직 준비를 못 했어요. 그리고 아마 한 시간쯤 늦을 것 같아요.

 자밀라

그래요? 제가 **사 갈 테니까** 걱정하지 마세요. 뭘 사면 돼요?

고마워요. 제가 **사야 할 것**들을 메모했는데요. 지금 보내 줄게요. 이따 봐요.

1 맞으면 ○, 틀리면 ✕ 하세요.

1) 다니엘은 부탁을 하려고 자밀라에게 연락했습니다. (   )
2) 다니엘은 먹을 것을 준비하기로 해서 파티에 늦을 것입니다. (   )

2 다니엘은 지금 뭐 할 거예요? 맞는 것을 고르세요.

① 자밀라와 장을 보러 갈 것입니다.
② 모임에 필요한 것을 메모할 것입니다.
③ 메모한 것을 찾아서 자밀라에게 보낼 것입니다.

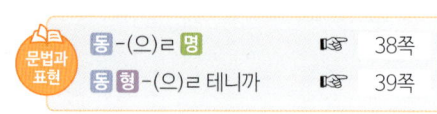

일이 생기다 to have something come up   아마 probably   메모하다 to write down notes   부탁하다 to ask a favor

읽기 2   **나나가 친구들에게 보내는 이메일입니다. 잘 읽고 질문에 답해 보세요.**
This is an email Nana sent to her classmates. Read carefully and answer the questions.

📧 보낸 사람 | nana@snulei.ac.kr

📬 받는 사람 | 한국어반 친구들   삭제   답장   전달

안녕하세요? 나나예요.
　이번 주 토요일에 제니 씨 생일 파티를 하기로 했어요. 제니 씨가 오기 전에 모여서 케이크와 촛불을 준비하고 기다릴까 해요. 우리 같이 맛있는 음식을 먹으면서 즐거운 시간을 보내요.
　먹을 것과 **마실 것**은 제가 **준비할 테니까** 시간이 있는 사람은 일찍 와서 방을 장식해 주세요.

- 날짜: 7월 29일 토요일
- 시간: 오후 5시
- 장소: 나나와 제니의 집(기숙사 903호)

※ 파티에 올 수 있는 사람은 미리 연락해 주세요.

1   이메일을 보고 알 수 있는 것을 모두 고르세요.

① 모임에 올 사람   ② 모임을 할 장소   ③ 모임을 하는 목적

2   이 사람은 누구예요? 알맞은 그림을 연결하세요.

1)    2)    3)

나나   제니   친구

 우리 반 친구들과 모여서 같이 하고 싶은 것이 있어요?
Is there something you would like to do together with your classmates?

	친구 이름:	친구 이름:
모임을 왜 하고 싶어요?		
모임에서 뭐 하고 싶어요?		
언제, 어디에서 하고 싶어요?		

미리 in advance

Writing 쓰기 8-2

준비 초대장에 쓸 내용을 메모해 보세요.
Write down notes about what should be on the invitation.

초대하는 말	모임을 하는 이유
	모임에서 할 일
모임 정보	날짜
	장소
	준비할 것

쓰기 친구들을 초대하는 글을 써 보세요.
Write a formal invitation to your classmates.

과제 / Task

💬 **친구들과 모임을 준비해 보세요.**
Prepare a gathering with your classmates.

1 하고 싶은 모임에 대해서 이야기해 보세요.
Talk about what kind of gathering you would like to have.

모임을 하고 싶은 이유	
날짜와 시간	
장소	

2 뭐가 필요할까요? 준비할 것을 써 보세요.
What do you need? Write down the things you need to prepare.

준비할 것	• 먹을 것(과자, 과일, …) • • •

곧 soon   연말 end of the year   과자 cracker(s)

8-2. 제가 먹을 것을 준비할게요

3 누가 뭘 준비할 거예요? 정해 보세요.
Decide on who will be bringing what.

	준비할 것
나	
친구 이름:	
친구 이름:	
친구 이름:	

4 여러분이 준비한 모임에 대해서 반 친구들에게 이야기해 보세요.
Share with your classmates about the gathering you have prepared.

문화 (Culture)

한국에서는 모임을 하면 누가 식사비를 낼까요?
Who pays for the meal at a gathering in Korea?

돈을 내는 사람이 누구인 것 같아요?
언제 돈을 각자 낼까요?

⟶ 여러분 나라에서는 모임을 하면 누가 돈을 내요?

발음 Pronunciation

받침 'ㄷ, ㅌ'은 '이, 여' 앞에서 [ㅈ, ㅊ]로 발음합니다.
The final consonants 'ㄷ, ㅌ' are pronounced as [ㅈ, ㅊ] when in front of '이, 여.'

예) 가: 아직 선물을 안 샀으면 같이 사요.
　　나: 좋아요.

　　가: 저도 도와줄게요.
　　나: 고마워요. 벽에 풍선을 붙여 주세요.

자기 평가 Self-Check

☐ 주말에 특별한 계획이 있어요?
☐ 모임을 하면 뭘 준비해야 돼요?

식사비 meal expense　　각자 separately

9

건강한 생활 Healthy Life

9-1 약을 먹는 게 어때요?

9-2 목이 부은 것 같아요

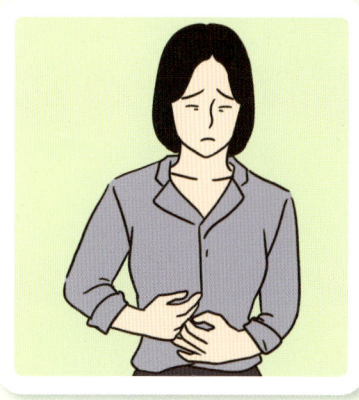

1. 여기가 어디인지 알아요?
2. 병원에 가 봤어요? 어디가 아파서 갔어요?

9-1 약을 먹는 게 어때요?
How about taking some medicine?

입맛이 없다

잠을 잘 못 자다

기운이 없다

머리가 빠지다

살이 찌다

살이 빠지다

입맛이 없다 to not have an appetite
기운이 없다 to be lethargic
살이 찌다 to gain weight
잠을 잘 못 자다 to have trouble sleeping
머리가 빠지다 to lose one's hair
살이 빠지다 to lose weight

이야기해 보세요

▶ 무슨 고민이 있어요?
▶ 어디가 아팠어요? 무슨 약이 필요했어요?

먹다

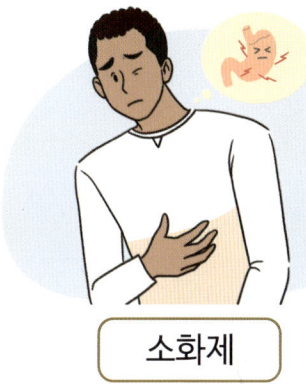
소화제

감기약

두통약

바르다
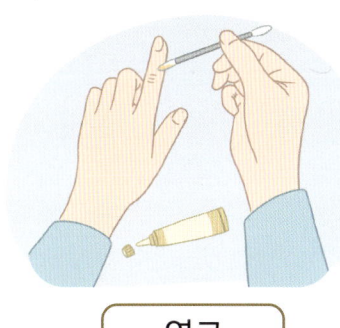
연고

넣다

안약

붙이다
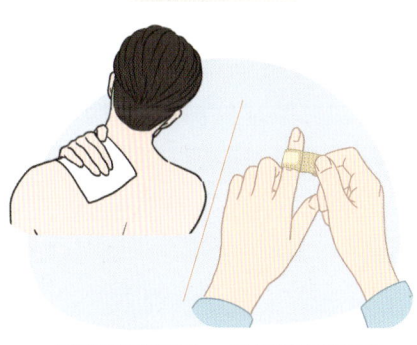
파스 　 반창고

소화제 indigestion medicine 　 감기약 cold medicine 　 두통약 headache medicine
연고 ointment 　 안약 eye drops 　 파스 pain relieving patch
반창고 band-aid 　 바르다 to apply

Speaking 9-1 말하기

말하기 1 친구와 연습해 보세요.
Practice with your partner.

가: 무슨 일 있어요?
나: 아니요. 왜요?
가: 요즘 계속 피곤해 보여서요.
나: 아, 일이 많아서 그래요.

1) 기운이 없다 / 밥을 잘 못 먹다
2) 기분이 안 좋다 / 잠을 잘 못 자다
3) 힘들다 / 허리가 좀 아프다

말하기 2 친구와 연습해 보세요.
Practice with your partner.

가: 제니 씨, 무슨 고민 있어요?
나: 요즘 잠을 잘 못 자요.
가: 그럼 낮에 운동을 좀 해 보는 게 어때요?
나: 네. 그렇게 해 볼게요.

1) 일이 많아서 좀 힘들다 / 주말에는 푹 쉬다
2) 입맛이 없다 / 과일을 좀 먹다
3) 자꾸 머리가 빠지다 / 샴푸를 바꾸다

문법과 표현
형 -아/어 보이다 ☞ 40쪽
동 -는 게 어때요? ☞ 41쪽

자꾸 frequently   샴푸 shampoo

말하기 3 친구와 이야기해 보세요.
Talk with your partner.

마리: 엥흐 씨, 얼굴이 안 좋아 보여요. 어디 아파요?
엥흐: 아침부터 머리가 많이 아파요.
마리: 그럼 약을 먹는 게 어때요?
엥흐: 안 그래도 지금 약국에 가려고 했어요.
　...
약사: 어떻게 오셨어요?
엥흐: 머리가 아파서 왔는데요.
약사: 그럼 이 두통약을 드셔 보세요. 하루에 세 번 식후 30분마다 드시면 돼요.
엥흐: 네. 알겠습니다.

발음
• 어떻게
　[어떠케]

1)
2)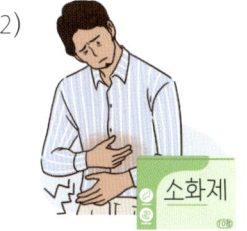
3)
4)

머리가 아프다			
두통약, 먹다			
하루에 세 번 식후 30분			

안 그래도 actually　　약사 pharmacist　　식후 after meals

준비 아프면 어떻게 해요?
What do you do when you're sick or in pain?

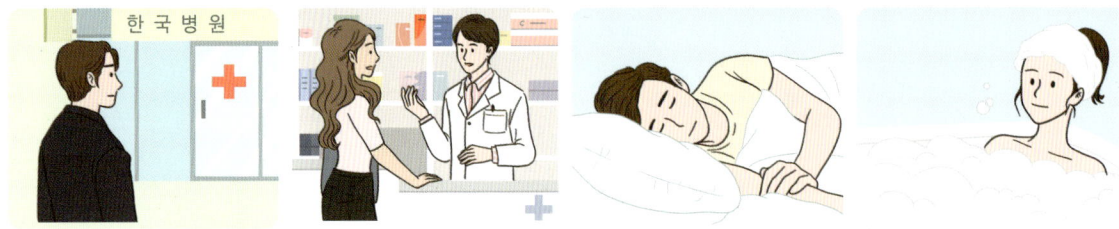

듣기 1 제니와 크리스의 대화입니다. 잘 듣고 맞으면 ○, 틀리면 × 하세요.
This is a conversation between Jenny and Chris. Listen carefully and write ○ for true and × for false.

1) 남자는 피가 나서 병원에 갈 것입니다.   (   )

2) 여자는 손가락에 반창고를 붙일 것입니다.   (   )

 집에 어떤 약이 있어요?
What kind of medicine do you have at home?

저는 자주 머리가 아파요.
그래서 집에 항상 두통약이 있어요.

손가락 finger   피가 나다 to bleed

준비 어떤 고민이 있어요?
What concerns do you have?

듣기 2 의사와 마리의 대화입니다. 잘 듣고 질문에 답해 보세요.
This is a conversation between a doctor and Mari. Listen carefully and answer the questions.

1 여자는 뭘 해야 돼요? 맞는 것을 고르세요.

① 　② 　③

2 맞는 것을 고르세요.

① 여자는 일주일 동안 치료를 받을 것입니다.
② 여자는 요즘 자꾸 머리가 아파서 걱정입니다.
③ 여자는 날씨가 더워서 머리를 자주 감았습니다.

💬 왜 병원에 갔어요? 병원에서 어떤 치료를 받았어요?
Why did you go to the hospital? What kind of treatment did you receive at the hospital?

> 저는 지난달에 잠을 잘 못 자서 병원에 갔어요.
> 의사 선생님이 자기 전에 먹는 약을 주셨어요.
> 사흘 동안 그 약을 먹고 잤어요.
> 요즘은 약을 안 먹지만 잠을 잘 자서 좋아요.

머리를 말리다 to dry one's hair　　치료를 받다 to receive treatment

9-2 Vocabulary

어휘

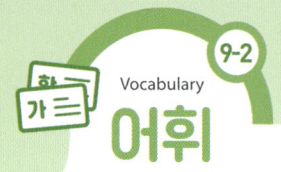

목이 부은 것 같아요

I think my throat is swollen

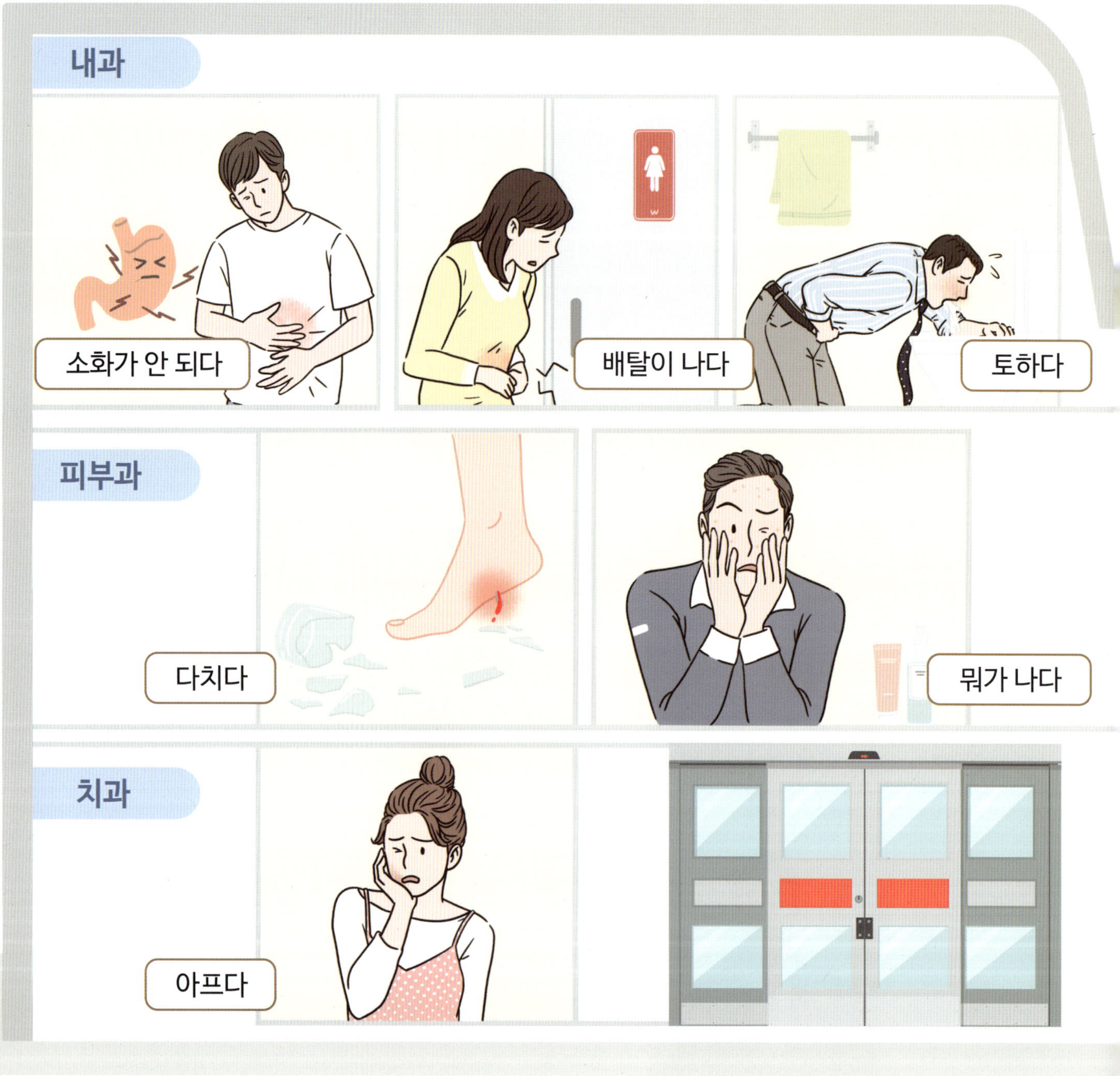

내과 internal medicine
소화가 안 되다 to have indigestion
다치다 to get hurt
피부과 dermatologist
배탈이 나다 to have an upset stomach
뭐가 나다 to have a rash
치과 dentist
토하다 to vomit

이야기해 보세요

▶ 어디가 아파요?
▶ 어느 병원에 가야 돼요?

한국병원

붓다	어지럽다	감기에 걸리다	이비인후과
다치다		아프다	정형외과
아프다		눈이 잘 안 보이다	안과

이비인후과 otolaryngology   정형외과 orthopedics   안과 ophthalmology
붓다 to be swollen   어지럽다 to be dizzy   눈이 잘 안 보이다 to not see very well

9-2. 목이 부은 것 같아요

Reading 9-2 읽기

준비 몸이 안 좋으면 누구에게 말해요?
Who do you talk to when you're not feeling well?

읽기 1 닛쿤과 민우의 메시지입니다. 잘 읽고 맞으면 ○, 틀리면 × 하세요.
This is a text message between Nichkhun and Minwoo. Read carefully and write ○ for true and × for false.

 닛쿤

> 민우 씨, 제가 어제 음식을 잘못 **먹은 것 같아요**.
> 배가 아프고 토할 것 같은데요.
> 아는 병원 있어요?

> 그럼 서울내과로 가 보세요.
> 지하철역 3번 출구 앞에 있어요.

 민우

> 아, 전에 그 병원을 **본 것 같아요**.
> 고마워요.

1) 닛쿤은 어제 밥을 먹고 토했습니다. (   )
2) 닛쿤은 서울내과에 가 봤습니다. (   )

문법과 표현: 'ㅅ' 불규칙 ☞ 42쪽
동-(으)ㄴ 것 같다 ☞ 43쪽

읽기 2 건강 상담 게시판입니다. 잘 읽고 질문에 답해 보세요.
This is a health consultation board. Read carefully and answer the questions.

온라인 건강 상담

제목	소화가 안 되고 기운이 없습니다.
성명	이유진
증상	안녕하세요, 저는 35살이고 여자 회사원입니다. 요즘 입맛이 없고 소화도 안 됩니다. 보통 8시간 정도 자지만 아침에 일어나면 잠을 **잔 것 같지** 않고 피곤합니다. 머리도 아프고 손과 발이 많이 **부었습니다**. 소화제와 비타민도 먹고 있습니다. 지난주에는 일도 안 하고 푹 쉬었지만 계속 몸이 좋지 않습니다. 어떻게 하면 좋을까요?

1 유진은 왜 이 글을 썼어요? 맞는 것을 고르세요.

① 의사의 조언을 들으려고
② 회사에 휴가를 신청하려고
③ 건강에 좋은 약을 찾으려고

2 유진의 증상으로 알맞은 그림을 모두 고르세요.

①  ②  ③  ④

 언제 많이 아팠어요? 증상이 어땠어요? 어떻게 해서 나았어요?
When were you really sick? What were your symptoms? What did you do to get better?

저는 2년 전에 많이 아팠어요. …

온라인 online   상담 consultation   제목 title   증상 symptom   비타민 vitamin   조언을 듣다 to take advice

Writing 9-2 쓰기

준비 건강에 대해서 어떤 고민이 있어요? 메모해 보세요.
What concerns do you have about your health? Write down your notes.

개인 정보	증상	어떤 것을 해 봤어요?
나이: 성별: 직업:		

쓰기 건강 고민에 대해서 상담하는 글을 써 보세요.
Write down a consultation regarding your health concerns.

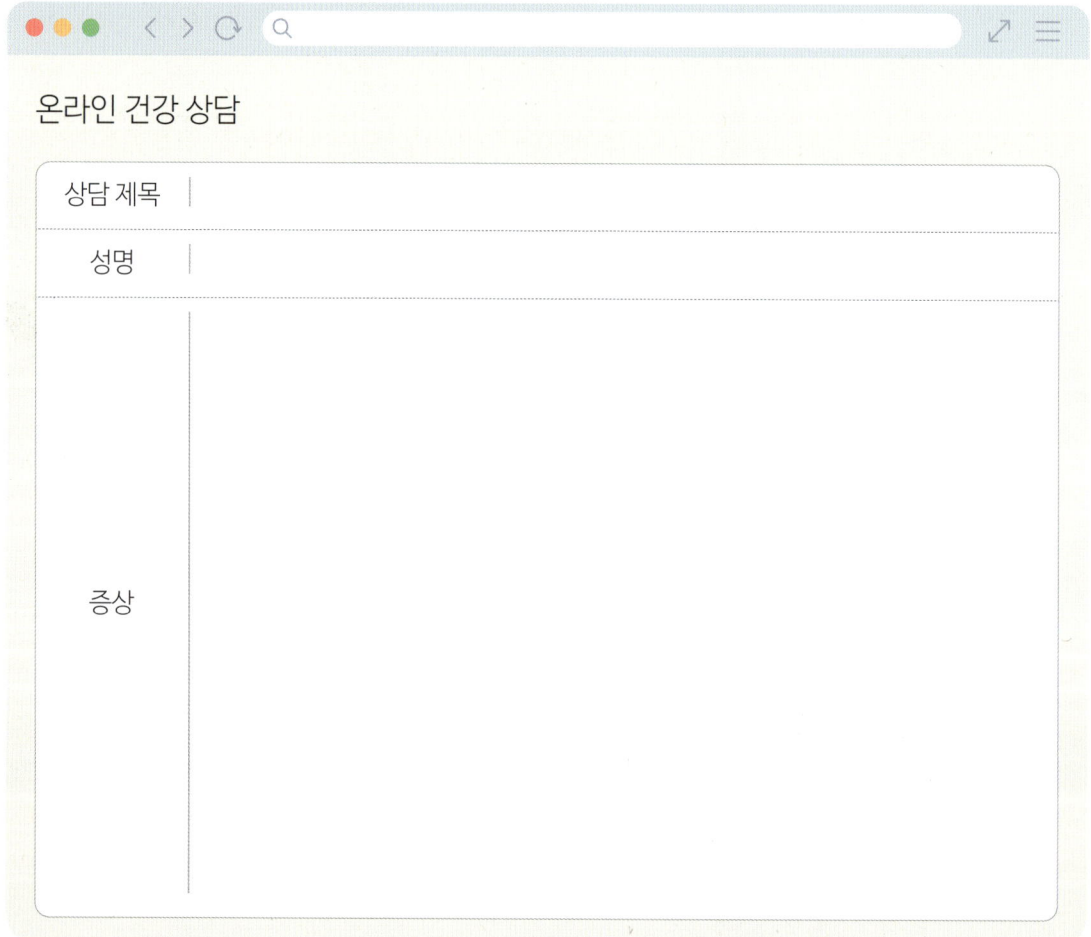

개인 personal

여러분의 증상에 대해서 친구와 의사에게 이야기해 보세요.
Talk about your symptoms with your partner and doctor.

활동지 167쪽

1 **환자 카드를 보고 친구와 이야기하세요.**
Look at the patient card and talk with your partner about it.

아야나 씨, 어디 아파요? 얼굴이 안 좋아 보여요.

그래요? 그럼 이비인후과에 가 보는 게 어때요?

네. 어제부터 목이 붓고 콧물이 나와요.

2 **병원에 가서 의사와 이야기하세요.**
Go to a hospital and talk with a doctor.

활동지 168쪽

1) 환자는 의사에게 증상을 설명하세요.

어서 오세요. 어디가 불편해서 오셨어요?

언제부터 아프셨어요?

목이 많이 부었어요. 콧물도 나와요.

어제부터 아팠어요.

9-2. 목이 부은 것 같아요

2) 의사는 환자의 설명을 들으면서 의사 카드에 증상을 메모하고 알맞은 처방을 해 주세요.

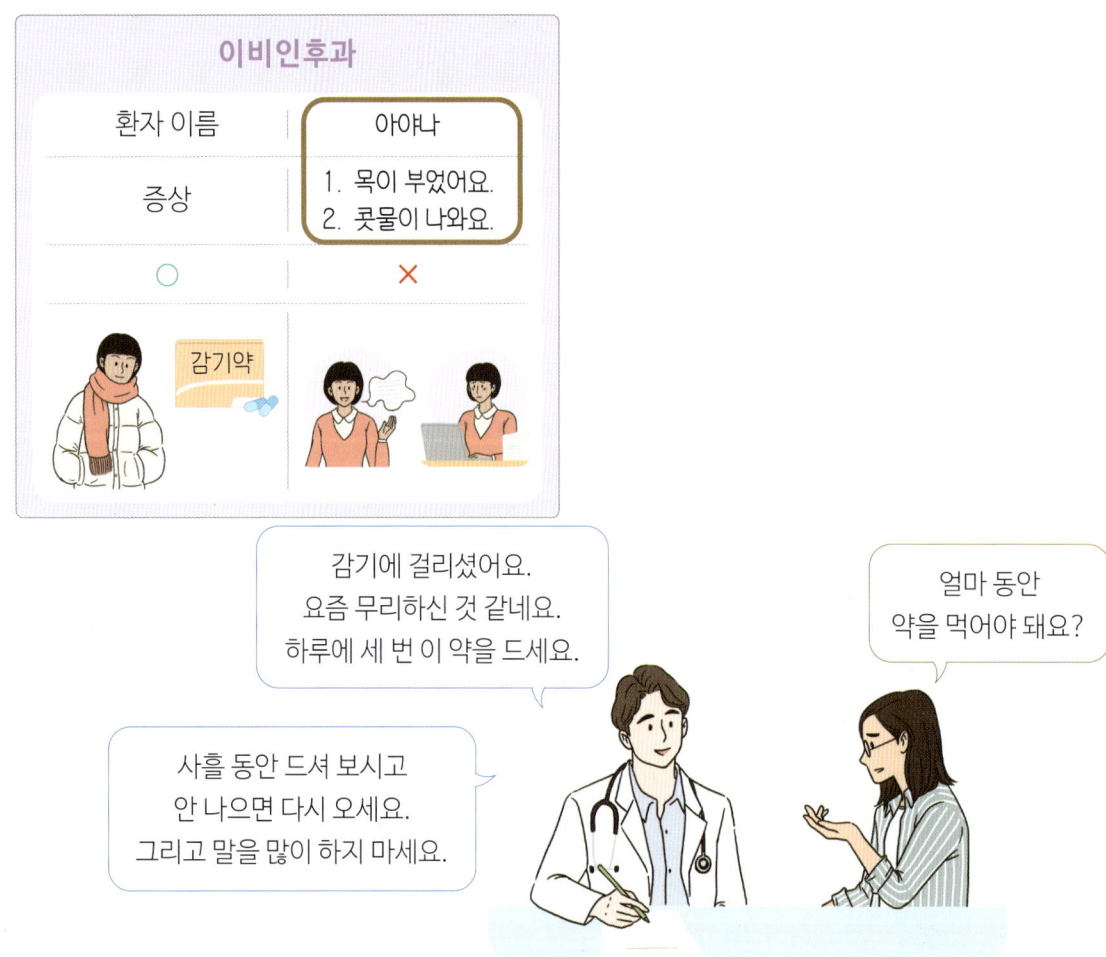

3 병원에 갔다 와서 친구한테 이야기해 보세요.
Talk to your partner after coming back from the hospital.

무리하다 to overdo oneself

편의점에서도 약을 살 수 있어요
You can buy medicine at the convenience store.

약국이 문을 닫으면 어디에서 약을 살 수 있어요?
편의점에서 무슨 약을 살 수 있어요?

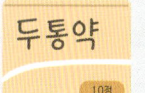 

↠ 여러분 나라에서는 약을 어디에서 살 수 있어요?

발음 / Pronunciation

받침 'ㅎ'은 뒤에 오는 'ㄱ, ㄷ, ㅈ'과 합쳐져서 [ㅋ, ㅌ, ㅊ]로 발음합니다.
When 'ㄱ, ㄷ, ㅈ' come after the final consonant 'ㅎ,' they are combined and pronounced as [ㅋ, ㅌ, ㅊ].

예) 가: **어떻게** 오셨어요?   가: 이제 아프지 **않지요**?
    나: 머리가 좀 아파서 왔는데요.   나: 네. 약을 먹고 다 나았어요.

자기 평가 / Self-Check

☐ 건강에 대한 고민이 있어요?
☐ 어디가 아파서 병원에 갔어요?

서울대 한국어+ 2A

부록 Appendix

- 활동지 Activity Sheets
- 번역 Translation
- 듣기 지문 Listening Script
- 모범 답안 Answer Key
- 어휘 색인 Glossary

1. 인사

성명	
국적	
나이	
직업	
한국어를 배우는 목적	
고향	

✂-------------------------------

성명	
국적	
나이	
직업	
한국어를 배우는 목적	
고향	

✂-------------------------------

성명	
국적	
나이	
직업	
한국어를 배우는 목적	
고향	

9. 건강한 생활

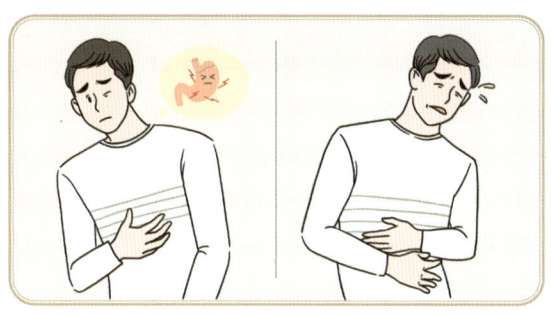 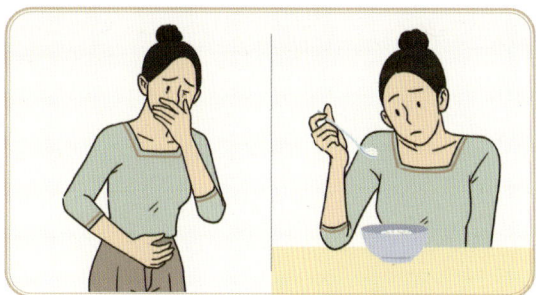

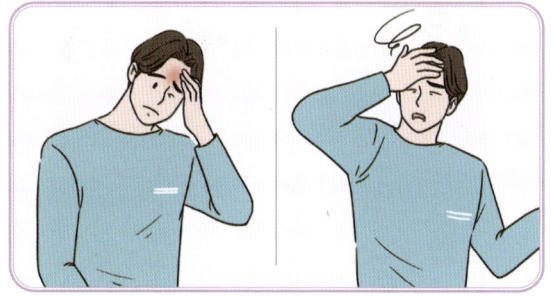 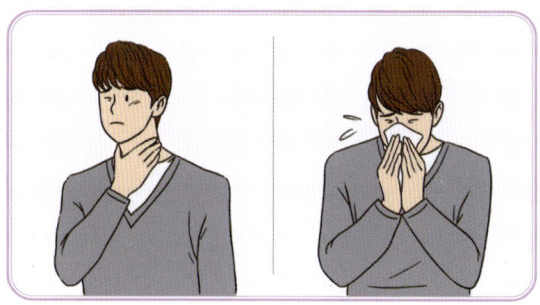

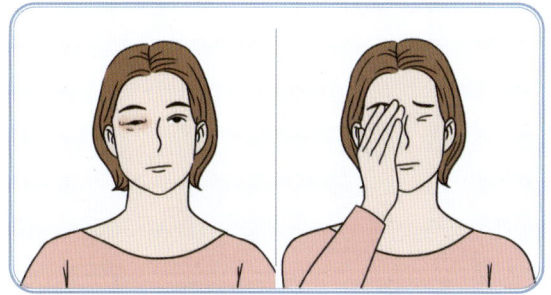 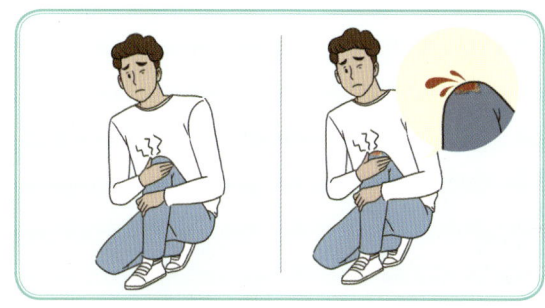

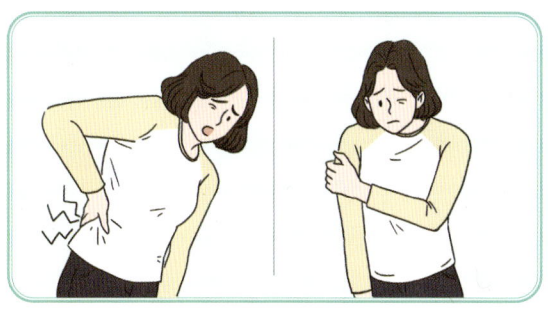 

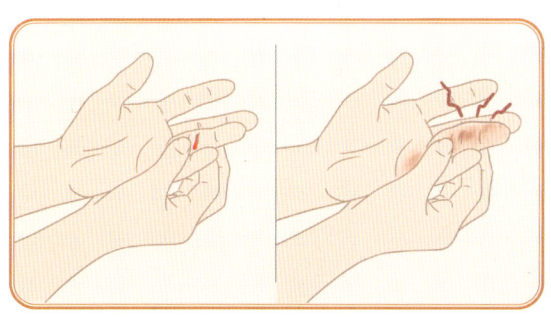 

9. 건강한 생활

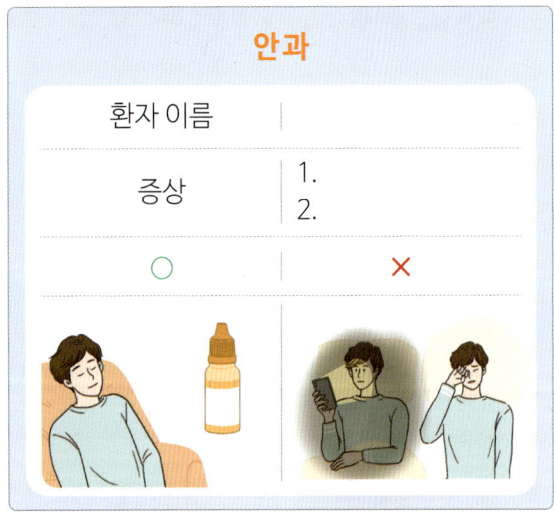

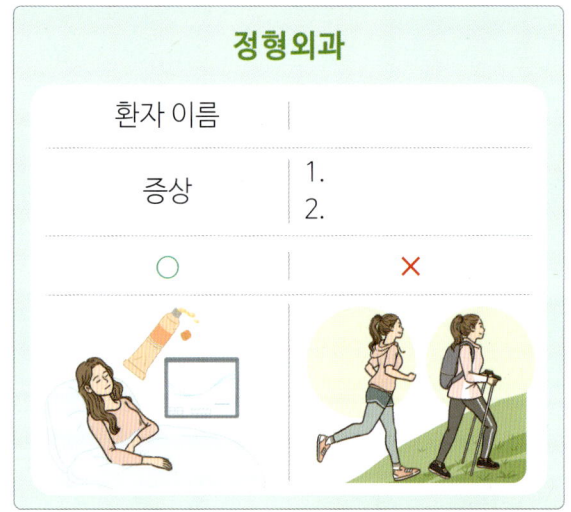

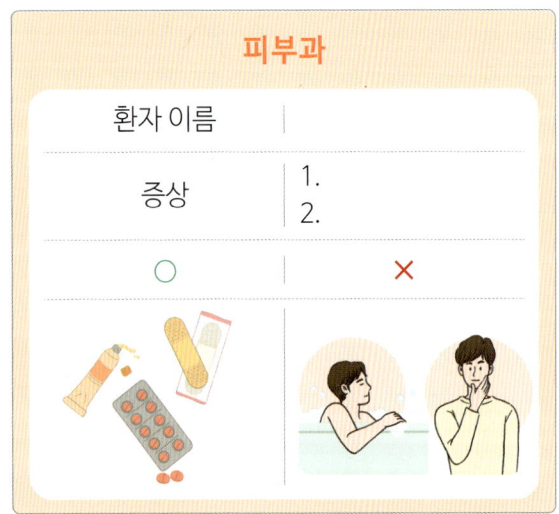

Translation
번역

말하기 Speaking

1. 소개 Introduction

① 가: Hello? I'm Mari.
나: Nice to meet you. I'm Enkh.

② 가: Ayana, why did you come to Korea?
나: I came to Korea to learn Korean. How about you, Chris?
가: I came to travel.

③ Hai: Hello? I'm Hai.
Anna: I'm Anna Ivanova. Nice to meet you.
Hai: Nice to meet you, Anna Ivanova.
Anna: Just call me Anna. By the way, Hai, why are you learning Korean?
Hai: I'm learning Korean to get a job at a Korean company.
Anna: Oh, I see. I'm learning Korean because I like Korean culture.

2. 취미 Hobby

① 가: What do you do in your free time?
나: I often play basketball. How about you, Nana?
가: I like to play basketball too.
나: Really? We should play basketball next time.

② 가: Do you know how to swim?
나: Yes, I can swim, but I'm not good at it. How about you, Eric?
가: I'm a good swimmer.
나: Really? Can you teach me?
가: Yes, of course.

③ Mari: Eric, what's your hobby?
Eric: Cooking. How about you, Mari?
Mari: I like to cook too. I cook whenever I have time.
Eric: Do you know how to make Korean food?
Mari: Yes, I know how to make gimbap.
Eric: Really? I want to try making gimbap.
Mari: Then why don't we make it together?

3. 여행 경험 Travel Experiences

① 가: Have you been to Busan?
나: No, I have not.
가: Then you should go. It's very beautiful.

② 가: What should we do today?
나: Let's go hiking since the weather is nice.
가: Sure. Where should we go?
나: Let's go to Gwanaksan Mountain since it's nearby.

③ Jamila: Daniel, have you been to Busan?
Daniel: Yes, I've been there last summer. The view was beautiful, and the food was very delicious.
Jamila: I'm planning on going to Busan during this school break.
Daniel: What are you going to do in Busan?
Jamila: I want to go on a boat and go fishing.
Daniel: I've gone fishing in Busan. It's really fun, so be sure to go.

4. 쇼핑 Shopping

① 가: How do you like the clothes?
나: I think the size is a bit too big. Is there something smaller?
가: Yes, one moment please.

② 가: Jamila, how about this skirt?
나: The length is a bit long. Is there something shorter than this?
가: Then how about this?
나: Oh, I like it.

③ Employee: Welcome! Is there something you're looking for?
Jenny: Yes, can you show me some dresses?
Employee: How about this? It's a very popular design these days.
Jenny: Hmm, it's a bit short. Is there something longer than that?
Employee: Yes, how about this one?
Jenny: Great. Can I try it on?
Employee: Absolutely. Come this way.

5. 우체국과 은행 Post Offices & Banks

① 가: How can I help you?
나: I'm here to send a letter.
가: Take a number ticket from over there and please wait for your turn.
나: Okay.

② 가: I'd like to send a package to the US.
나: Are you going to ship it by air or sea?
가: How long does it take by air?
나: If you send it today, it will take about a week.

❸ Mari: Hello? I'd like to send a package to Japan.
Employee: Please place the box on top of the scale. What does it contain?
Mari: Books. How much is it to send by air?
Employee: It's 21,000 won.
Mari: If I send it today, when does it arrive?
Employee: It usually takes about three days. However it may take a little longer since tomorrow is a weekend.

6. 하루 일과 Daily Routine

❶ 가: What are you going to do during school break?
나: I'm going to travel every weekend. How about you, Eric?
가: I plan to work out every morning.
나: That's a good idea.

❷ 가: Shall we clean the house together after lunch?
나: Sounds good. What should we clean first?
가: I'll clean the bedroom.
나: Then I'll clean the bathroom.

❸ Nana: Jenny, are you going to clean? Let's do it together.
Jenny: Okay, Nana, please vacuum. I'll mop the room.
Nana: Okay, I'll throw out the recyclable wastes after I vacuum.
…
Nana: It feels great that the house is clean.
Jenny: Right? Shall we clean the house every Saturday?
Nana: Okay, sure.

7. 길 찾기 Getting Directions

❶ 가: Will there be a lot of people if we take the subway now?
나: No, there won't be.
가: Should we take the subway then?
나: Okay, sure.

❷ 가: What's the best way to get to Busan?
나: I think taking a train is the best way.
가: How long will it take?
나: It'll take about 2.5 hours.

❸ Chris: Sir, go to Seoul National University please.
Driver: Okay.
Chris: How long will it take?
Driver: It'll take about 30 minutes since it's morning rush hour.
…
Driver: Which way should I go from here?
Chris: Please make a left turn and stop in front of the Language Education Institute that you see over there.

8. 모임 Gathering

❶ 가: What are you going to do during the school break?
나: I'm going to take a cooking class with friends.
가: Really? What kind of food are you going to learn to make?
가: I'm going to learn how to make Korean food.

❷ 가: What are you going to do after having lunch?
나: I'm not sure. Maybe I'll take a nap.
가: I'm thinking of going shopping. If you don't have any plans, let's go shopping.
나: Okay. Let's go.

❸ Theo: Anna, do you have time on Saturday evening?
Anna: Yes, I do. What's up?
Theo: Jamila got a job, so we're going to throw a celebration party. Can you come, Anna?
Anna: Yes, I can come. Are you going to buy a gift?
Theo: Yes, we're going to collect money and buy her a bag.
Anna: That's a good idea. I'll pitch in. Let's buy it.

9. 건강한 생활 Healthy Life

❶ 가: What's wrong?
나: Nothing. Why?
가: You look tired lately.
나: Oh, I have a lot of work.

❷ 가: Jenny, do you have a concern?
나: I have trouble sleeping lately.
가: How about exercising during the day?
나: Okay, I'll try that.

❸ Mari: Enkh, you don't look well. Are you sick?
Enkh: I have a headache since this morning.
Mari: How about taking some medicine?
Enkh: Actually I was on my way to the pharmacy now.
…
Pharmacist: How can I help you?
Enkh: I came here because I have a headache.
Pharmacist: Try this headache medicine. Take it 3 times a day, 30 minutes after each meal.
Enkh: Okay.

1. 소개 Introduction

①
남: 반갑습니다. 저는 엥흐라고 합니다. 몽골 사람입니다.
여: 반가워요, 엥흐 씨. 저는 제니예요. 미국에서 왔어요.
남: 저는 한국에서 사업을 하려고 한국어를 배워요. 제니 씨는요?
여: 저는 한국 노래를 좋아해요. 그래서 한국어를 배우고 있어요.

②
남1: 민우 씨, 여기는 저와 같은 반 친구인 마리 씨예요.
남2: 반갑습니다. 저는 에릭 씨 친구 민우라고 합니다.
여: 반가워요. 민우 씨 이야기 많이 들었어요. 이 학교 학생이시지요?
남2: 네. 저는 한국학을 공부하고 있어요. 마리 씨는 무슨 일을 하세요?
여: 저는 일본어를 가르쳐요.
남2: 네. 그런데 왜 한국어를 배우세요?
여: 남편이 한국 사람이에요. 남편 가족들과 이야기하려고 한국어를 배워요.

2. 취미 Hobby

①
여1: 와, 컵이 정말 많네요.
여2: 제가 컵을 모아요. 그래서 여행을 가면 항상 컵을 사요.
여1: 아, 저는 모자를 모으는 게 취미예요.
여2: 그래요? 마리 씨의 모자도 한번 보고 싶네요.
여1: 그럼 다음에 한번 우리 집에 구경하러 오세요.

②
남: 아야나 씨, 오랜만이에요. 요즘 바빠요?
여: 네. 요즘 수업 끝나고 한국 요리 배우러 다녀요.
남: 그래요? 언제부터 배웠어요?
여: 지난주부터 배우고 있어요. 한국 음식이 맛있어서요. 다니엘 씨도 한국 음식 좋아해요?
남: 네. 떡볶이를 좋아해요. 아야나 씨, 떡볶이도 만들 줄 알아요?
여: 네. 만들 줄 알아요.
남: 떡볶이 만드는 게 어렵지 않아요?
여: 어렵지 않아요. 우리 이번 토요일에 같이 떡볶이를 만들까요?
남: 좋아요. 토요일에 만나요.

3. 여행 경험 Travel Experiences

①
남: 여러분은 한국의 섬을 여행해 보셨습니까? 시원한 바닷가, 높은 산, 맑은 공기, 다양한 음식, 친절한 사람들. 이곳은 한국의 아름다운 섬, 제주도입니다. 제주도로 놀러 오세요.

②
여: 다니엘 씨, 뭐 하고 있어요?
남: 여행 광고를 보고 있어요.
여: 여행 가려고요?
남: 네. 이번 연휴는 기니까 서울에서 좀 먼 곳에 가 보려고 해요. 안나 씨는 여행 많이 해 봤지요? 어디가 좋았어요?
여: 강릉이 제일 좋았어요. 강릉에 안 가 봤으면 한번 가 보세요.
남: 강릉에 가면 뭐 할 수 있어요?
여: 스쿠버다이빙도 할 수 있고 전통 시장도 구경할 수 있어요. 그리고 유명하고 예쁜 카페도 많아서 정말 좋았어요.

4. 쇼핑 Shopping

①
여: 손님, 넥타이가 정말 잘 어울리시네요.
남: 그래요? 그런데 너무 밝고 화려한 것 같아요.
여: 그럼 이건 어떠세요? 그거보다 색깔도 어둡고 디자인도 화려하지 않아요.
남: 좋네요. 그거로 주세요.

②
남: 안나 씨, 가방 샀어요? 정말 예쁘네요.
여: 작은 가방이 필요해서 주말에 하나 샀어요.
남: 안나 씨 구두하고 아주 잘 어울리는 것 같아요. 저도 동생한테 사 주고 싶어요.
여: 그래요? 세일 기간이라서 가격도 비싸지 않았어요.
남: 좋네요. 다른 색깔도 있었어요?
여: 네. 여러 가지가 있었어요. 이거보다 더 밝은색도 있고 어두운색도 있었어요.
남: 그래요? 그 가게 이름 좀 가르쳐 주세요.

5. 우체국과 은행 Post Offices & Banks

①
여: 여보세요?
남: 저는 서울택배 기사인데요. 나나 씨 맞으세요?
여: 네. 전데요. 무슨 일이세요?
남: 나나 씨 앞으로 택배가 왔는데요. 지금 댁에 계세요?
여: 아니요. 저는 지금 집에 없는데요. 아마 룸메이트가 있을 거예요. 룸메이트가 없으면 그냥 문 앞에 놓아 주세요.
남: 네. 알겠습니다.

②
여: 어서 오세요.
남: 태국에 이 옷을 보내려고 왔는데요.
여: 먼저 상자에 넣어서 포장을 해 주셔야 합니다.
남: 네. 알겠습니다.
남: 포장 다 했는데요.
여: 네. 상자를 저울 위에 올려 주세요.
남: 오늘 보내면 언제 도착해요?
여: 비행기로 보내면 오 일쯤 걸리고 배로 보내면 한 달 정도 걸릴 겁니다.
남: 요금은 어떻게 돼요?
여: 비행기는 24,000원, 배는 15,000원입니다.
남: 음, 그럼 배로 보내 주세요.
여: 네. 알겠습니다.

6. 하루 일과 Daily Routine

❶ 여: 방이 지저분하네요. 쓰레기도 많고….
남: 우리가 너무 바빠서 오랫동안 청소를 못 했지요?
여: 맞아요. 우리 대청소 한번 해요.
남: 좋아요. 그럼 제가 재활용 쓰레기부터 버리고 올게요.
여: 그동안 제가 청소기를 돌리고 있을게요.

❷ 남: 자밀라 씨, 무슨 일 있어요? 피곤한 것 같아요.
여: 네. 지난주에 이사했어요. 그런데 집이 넓으니까 청소하는 게 힘드네요.
남: 그래요? 그럼 로봇 청소기를 써 보세요.
여: 로봇 청소기요?
남: 네. 저도 청소하는 게 힘들어서 로봇 청소기를 샀어요. 날마다 같은 시간에 로봇 청소기가 청소를 해서 정말 편하고 좋아요.
여: 그래요? 저도 사고 싶네요. 어디에서 사지요?
남: 제가 산 인터넷 사이트를 알려 줄게요.

7. 길 찾기 Getting Directions

❶ 남: 손님, 어디에서 내려 드릴까요?
여: 저기 사거리에서 좌회전해서 세워 주세요.
남: 저기에서는 좌회전을 할 수 없는데요.
여: 그럼 사거리 지나서 횡단보도 앞에 세워 주세요.

❷ 남: 여보세요? 아야나 씨, 저 조금 늦을 것 같아요. 미안해요.
여: 괜찮아요. 그런데 지금 어디까지 왔어요?
남: 사당역 근처예요. 버스를 탔는데요. 길이 막히네요.
여: 아, 사당역에서 공사를 해서 그럴 거예요. 거기만 지나면 괜찮을 거예요. 저도 그 길로 왔어요.
남: 그래요? 시간이 얼마나 걸릴까요?
여: 사당역에서 여기까지 10분쯤 걸렸어요.
남: 아, 네. 그럼 조금만 더 기다려 주세요. 미안해요.
여: 네. 걱정하지 말고 천천히 오세요.

8. 모임 Gathering

❶ 남: 여보세요, 유진 씨, 저 하이인데요. 지금 통화 괜찮아요?
여: 네. 괜찮아요. 무슨 일이에요?
남: 제가 한국 친구 집들이에 가기로 했어요. 그래서 선물을 살까 하는데요. 어떤 선물이 좋을까요?
여: 아, 한국 사람들은 보통 휴지나 세제를 줘요. 집에 꼭 필요한 것들이니까요.
남: 그래요? 알려 줘서 고마워요.

❷ 여: 테오 씨가 다음 주에 한국을 떠나는 거 알아요?
남: 네. 들었어요.
여: 그래서 친구들과 송별회를 하기로 했어요.
남: 좋은 생각이네요. 언제 할 거예요?
여: 이번 주 토요일에 할까 해요. 크리스 씨도 올 수 있어요?
남: 네. 갈 수 있어요. 그런데 장소가 어디예요?
여: 아직 못 정했어요. 학교 근처의 좋은 식당을 알면 좀 가르쳐 주세요.
남: 음. 아, 제가 자주 가는 곳이 있어요. 거기 음식이 아주 맛있어요. 문자로 보내 줄게요.

9. 건강한 생활 Healthy Life

❶ 여: 아야!
남: 제니 씨, 괜찮아요?
여: 손가락에서 피가 좀 나요. 혹시 반창고 있어요?
남: 네. 있어요. 잠깐만요. 가져올게요.
피가 계속 나네요. 병원에 가는 게 어때요?
여: 괜찮아요. 반창고만 붙이면 될 것 같아요.

❷ 남: 여기 앉으세요. 어디가 불편해서 오셨어요?
여: 요즘 자꾸 머리가 빠져서 걱정이에요.
남: 잠깐 보겠습니다.
머리를 하루에 몇 번 감으세요?
여: 요즘 날씨가 더워서 하루에 세 번 정도 감아요.
남: 너무 자주 감으면 머리가 빠질 수 있습니다.
여: 아, 그래요?
남: 네. 자기 전에 한 번만 감으시고 잘 말리고 주무세요. 약을 드릴 테니까 머리를 감고 나서 바르세요.
여: 알겠습니다.
남: 그리고 우리 병원에서 일주일에 한 번씩 치료를 받아 보시는 게 어때요?
여: 네. 생각해 볼게요.

Answer Key
모범 답안

1. 소개 Introduction

듣기 1 1)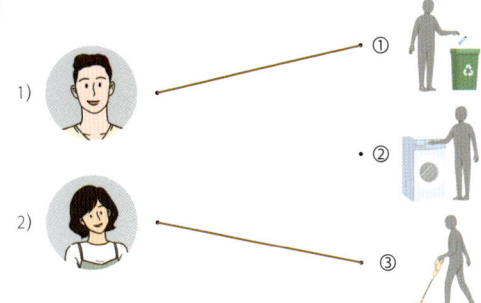

듣기 2 1 ②   2 ①

읽기 1 ②
읽기 2 1 ①   2 1) ○   2) ×   3) ○

2. 취미 Hobby

듣기 1 ②
듣기 2 1 ①, ③   2 ③

읽기 1 1 축구 동호회예요
       2 축구를 배우고 싶거나 축구하는 것을 좋아하는 사람을 찾아요
       3 9월 27일 금요일까지 모집해요
       4 전화하거나 이메일을 보내요
읽기 2 1 ②   2 1) ×   2) ○   3) ×

3. 여행 경험 Travel Experiences

듣기 1 1) ○   2) ○
듣기 2 1 ②, ③   2 ③

읽기 1 ①
읽기 2 1 ③   2 1) ○   2) ×   3) ×

4. 쇼핑 Shopping

듣기 1 ③
듣기 2 1 ③   2 1) ○   2) ×   3) ×

읽기 1 1) ×   2) ○
읽기 2 1 ②   2 ③

5. 우체국과 은행 Post Offices & Banks

듣기 1 ③
듣기 2 1 ①, ②   2 1) ○   2) ×   3) ○

읽기 1 1) ×   2) ○
읽기 2 1 ①, ③   2 ①

6. 하루 일과 Daily Routine

듣기 1

듣기 2 1 ②   2 ②

읽기 1 ①, ②
읽기 2 1 (③) → (①) → (②) → (④)
       2 ③

7. 길 찾기 Getting Directions

듣기 1 ③
듣기 2 1 ①   2 ③

읽기 1 ②
읽기 2 1 ②   2 1) ○   2) ○   3) ×

8. 모임 Gathering

듣기 1 1) ○   2) ×   3) ○
듣기 2 1 ①   2 ②

읽기 1 1 1) ○   2) ×   2 ③
읽기 2 1 ②, ③
       2

9. 건강한 생활 Healthy Life

듣기 1 1) ×   2) ○
듣기 2 1 ②   2 ③

읽기 1 1) ×   2) ×
읽기 2 1 ①   2 ①, ④

Glossary 어휘 색인

ㄱ

가격	price	62
가격이 비싸다	price is expensive	70
가격이 싸다	price is cheap	70
가입하다	to join	44
가전제품	appliances	107
가져가다	to take	140
가져오다	to bring	140
각자	separately	147
간식	snacks	140
감기약	cold medicine	151
감사하다	to thank	66
갔다 오다	to have been	57
강	river	28
강남역	Gangnam Station	56
갖다	to have	107
개월	month(s)	61
개인	personal	160
거리	street	129
걱정하다	to worry	95
건너다	to cross	124
걸어가다	to walk	120
경찰서	police station	128
경치가 아름답다	view is beautiful	55
경험	experience	63
계획을 세우다	to make plans	60
곧	soon	145
공기가 맑다	air is clear	55
공사하다	to be under construction	123
과자	cracker(s)	145
관광지	tourist attraction	54
관악산	Gwanaksan Mountain	56
광고	advertisement	46
교통 약자 배려석	priority seats	131
교환하다	to exchange	77
구매하다	to purchase	76
국적	nationality	22
굽이 낮다	heel is low	70
굽이 높다	heel is high	70
권	ticket/pass	67
귀걸이	earring	111
그동안	in the meantime	106
그렇지만	but	95
그릇을 씻다	to wash the plates	102
기사	driver	121
기운이 없다	to be lethargic	150
기타	other	80
길이가 길다	length is long	70
길이가 짧다	length is short	70
깜짝	astonishingly	111

ㄴ

나가다	to leave	108
나오다	to come out	108
(요금이) 나오다	(the fare) to come out	120
나흘	four days	61
낚시	fishing	38
날짜	date	135
남이섬	Namiseom Island	31
남쪽	south	28
낮잠을 자다	to take a nap	109
내과	internal medicine	156
내용	content	79
넓다	to be spacious	107
넥타이	necktie	74
년	year(s)	61
노량진	Noryangjin	83
놀라다	to be surprised	111
놓다	to place	90
눈이 잘 안 보이다	to not see very well	157

ㄷ

다녀오다	to go to and from	95
다르다	to be different	78
다시	again	64
다음	next time	40
다치다	to get hurt	156
닦다	to mop	102

달	month(s)	61
달러	dollar	95
대상	subject	67
대청소	spring cleaning	106
댄스	dance	136
도시	city	28
독서	reading	38
돈을 넣다	to deposit money	93
돈을 보내다	to send money	93
동대문	Dongdaemun	83
동물	animal	32
동물원	zoo	54
동영상을 만들다	to create videos	39
동쪽	east	28
동호회	club	44
두통약	headache medicine	151
들다	to contain	89
디자인이 단순하다	design is simple	70
디자인이 화려하다	design is flashy	70
떠나다	to leave	134

ㄹ

로봇	robot	107

ㅁ

마을	village	63
마음에 들다	to like it	71
마음에 안 들다	to not like it	71
말	horse	59
말씀하다	to speak (honorific expression)	79
맛집	must-eat place	47
맞은편	other side	125
매년	every year	45
매달	every month	45
매일	every day	45
매주	every week	45
머리가 빠지다	to lose one's hair	150
머리를 감다	to wash one's hair	108
머리를 말리다	to dry one's hair	155

머리를 하다	to do one's hair	130
메모하다	to write down notes	142
모든	every	78
모이다	to gather	135
모임을 하다	to have a gathering	44
모집하다	to recruit	44
목욕하다	to take a bath	108
목적	purpose	22
무리하다	to overdo oneself	162
문	door	90
문의	inquiry	48
문의하다	to inquire	77
문자	text	47
물건	item	129
물어보다	to ask	79
뭐가 나다	to have a rash	156
미리	in advance	143
미술관	museum	54

ㅂ

바닷가	beach	54
바르다	to apply	151
박	night/stay	61
박수를 치다	to clap	141
반창고	band-aid	151
발표하다	to present	66
밝은색	bright color	75
방법	way	32
방을 장식하다	to decorate the room	140
방향	direction	126
배송	shipping	79
배송비	shipping fee	76
배탈이 나다	to have an upset stomach	156
번호표를 뽑다	to take a number ticket	86
벚꽃	cherry blossom(s)	30
베이징	Beijing	123
별로	not many/much	29
보이다	to be seen	121
보험	insurance	99

복습하다	to review	109
볼링	bowling	46
봉투에 넣다	to put in an envelope	87
뵙다	to meet/see (humble expression)	27
부르다	to call	25
부탁하다	to ask a favor	142
북쪽	north	28
붓다	to be swollen	157
블로그	blog	31
비밀번호를 누르다	to enter the password	92
비타민	vitamin	159
빠르다	to be fast	120

ㅅ

사거리	intersection	118
사당역	Sadang Station	123
사업하다	to do business	23
사이즈가 안 맞다	size does not fit well	71
사이즈가 잘 맞다	size fits well	71
사이즈가 작다	size is small	70
사이즈가 크다	size is big	70
사이트	site	107
사흘	three days	61
살이 빠지다	to lose weight	150
살이 찌다	to gain weight	150
상담	consultation	159
상자	box	86
상품	product	76
상품	(travel) package	62
새	new	79
새롭다	to be new	47
새집	new house	138
색깔이 밝다	color is bright	70
색깔이 어둡다	color is dark	70
생각하다	to think	111
생년월일	date of birth	22
샴푸	shampoo	152
서류	document	88
서명하다	to sign	92

서비스	service	97
서울대입구역	Seoul National University Station	127
서쪽	west	28
선물을 고르다	to choose a gift	140
선물을 풀다	to open the gift	141
선물하다	to gift	75
선택하다	to select	76
설거지하다	to do the dishes	102
섬	island	28
성공	success	95
성명	full name	22
성별	gender	22
세우다	to stop	119
세제	laundry detergent	138
세탁기를 돌리다	to run the washing machine	102
세탁소	dry cleaner	130
셔틀버스	shuttle bus	63
소개하다	to introduce	31
소포를 보내다/부치다	to send/ship a package	87
소포를 포장하다	to wrap a package	87
소화가 안 되다	to have indigestion	156
소화제	indigestion medicine	151
손가락	finger	154
손님	customer	74
송금	wire transfer	93
송별회	farewell party	134
수산 시장	Fish Market	83
수업을 듣다	to take classes	109
숙박비	lodging expense	62
숙소가 깨끗하다	accommodation is clean	55
숟가락	spoon	102
스카프	scarf	75
스쿠버 다이빙	scuba diving	38
시간	hour(s)	61
시간	time	135
시간이 나다	to have free time	40
시골	countryside	28
식비	food expense	62

식사비	meal expense	147
식후	after meals	153
신분증을 내다	to provide one's ID	92
신용카드	credit card	92
신청서를 쓰다	to fill out an application	92
신청하다	to apply	44
신호등	traffic light	118
쓰레기를 버리다	to throw away trash	103

ㅇ

아마	probably	142
아주	very	29
아파트	condo/apartment	127
안과	ophthalmology	157
안 그래도	actually	153
안약	eye drops	151
안 어울리다	to not suit well	71
알리다	to inform	47
알아보다	to look into	60
약사	pharmacist	153
양재	Yangjae	83
어두운색	dark color	75
어지럽다	to be dizzy	157
에 대해서	about	32
에스엔에스(SNS)를 하다	to do social media	39
에펠 탑	Eiffel Tower	31
여러 가지	various	58
여행사	travel agency	62
연고	ointment	151
연락처	contact information	22
연락하다	to contact	46
연말	end of the year	145
연휴	holidays	59
열흘	ten days	61
엽서를 보내다/부치다	to send/ship a postcard	87
영화 감상	watching movies	38
예금	deposit/savings	99
예매하다	to book	60
예습하다	to preview	109

예약하다	to reserve	60
오래	a long time	120
오랫동안	for a long time	63
오른쪽으로 돌아가다	to make a detour to the right	124
온라인	online	159
올리다	to place on top	89
올리다	to upload	127
옷을 빨다	to wash clothes	102
외국어 공부	studying/learning a foreign language	38
왼쪽으로 돌아가다	to make a detour to the left	124
요금	rate	91
우편	mail	99
우편번호를 쓰다	to write the zip code	86
우표를 붙이다	to attach a stamp	86
우회전하다	to make a right turn	119
원고	manuscript	110
웹툰을 보다	to read webcomics	39
위치	location	32
유턴하다	to make a U-turn	119
육교	pedestrian overpass	118
은행원	teller	95
을/를 위한	for (something/someone)	67
음료	beverage	140
음식물 쓰레기	food waste	103
음식이 다양하다	to have a variety of food	55
음악 감상	listening to music	38
이메일	email	22
이비인후과	otolaryngology	157
이사하다	to move	134
이용하다	to use	79
이유	reason	80
이제	now	105
이체	transfer	93
이틀	two days	61
인기 있다	to be popular	73
인터넷 쇼핑을 하다	to do online shopping	39
인형을 모으다	to collect dolls	39
일기를 쓰다	to write a diary	109

일반 쓰레기	general waste	103
일이 생기다	to have something come up	142
입구	entrance	125
입금	deposit	93
입맛이 없다	to not have an appetite	150
입학하다	to be admitted to school	23

ㅈ

자꾸	frequently	152
자동차	car	126
자리	digit	94
자리	space	126
자세하다	to be detailed	79
잘 어울리다	to suit well	71
잠깐	momentarily	111
잠을 잘 못 자다	to have trouble sleeping	150
장바구니	cart	76
장소	location	135
장을 보다	to go grocery shopping	140
재활용 쓰레기	recyclable waste	103
저울	scale	89
저희	our (humble expression)	79
전주	Jeonju	63
전통문화	traditional culture	55
전통 시장	traditional market	54
전혀	not at all	29
젓가락	chopstick(s)	102
정도	approximately	91
정리하다	to clean up	102
정보	information	48
정하다	to determine	135
정형외과	orthopedics	157
제목	title	159
조깅	jogging	38
조언을 듣다	to take advice	159
좌회전하다	to make a left turn	119
주문하다	to order	77
주/주일	week	61
주차장	parking lot	125

즐겁다	to be joyful	63
증상	symptom	159
지나다	to pass	119
지도	map	127
지저분하다	to be messy	106
지하	underground	126
지하도	underpass	118
직진하다	to go straight	119
짐을 싸다	to pack	60
집들이	housewarming party	134
집안일	household chores	107
쪽	way	121
쭉 가다	to keep straight	124
찜질방	Korean hot sauna	56

ㅊ

참	very	105
창구	(bank teller) window	95
찾다	to find	46
첫	first	95
청소기를 돌리다	to vacuum	102
체크카드	debit card	92
초	candle	141
초대장을 쓰다	to write an invitation	140
촛불을 끄다	to blow out the candles	141
촛불을 켜다	to light the candles	141
최대	maximum	78
추가	additional	97
추석	Chuseok (Sino-Korean)/ Korean Thanksgiving Day	78
출구	exit	125
출근	going to work	121
출금	withdrawal	93
출퇴근	commuting	122
취미	hobby	23
취소	cancel	94
취직하다	to get a job	23
치과	dentist	156
치료를 받다	to receive treatment	155

ㅋ

컵	cup	42, 102
케냐	Kenya	89
케이크를 자르다	to cut the cake	141
케이팝	K-pop	136
콜롬비아	Colombia	89

ㅌ

택배	delivery service	79
택배 기사	courier	90
토하다	to vomit	156
통장	bankbook	92
통화를 하다	to talk on the phone	109
틀리다	to be incorrect	94

ㅍ

파리	Paris	31
파스	pain relieving patch	151
포장하다	to wrap	79
포함하다	to include	62
풍선	balloon	140
피가 나다	to bleed	154
피다	to bloom	56
피부과	dermatologist	156
필요하다	to need	75

ㅎ

하루	a (one) day	61
학원	academy	136
한국학	Korean Studies	27
한남대교	Hannam Bridge	126
한옥	Hanok (Korean traditional house)	63
할인받다	to receive a discount	78
할인하다	to discount	76
호선	subway line	125
호수	lake	28
혹시	by any chance	110
홈페이지	homepage	47
화장을 지우다	to remove one's makeup	108
확인하다	to confirm	79
환불받다	to receive a refund	79
환불하다	to refund	77
환영하다	to welcome	134
환영회	welcoming party	134
환전	foreign exchange	93
활동	activity	50
회비를 내다	to pay membership fees	44
회원	member	44
횡단보도	crosswalk	118

집필진 Authors

장소원
Chang Sowon
- 서울대학교 국어국문학과 교수
  Seoul National University Professor at the Department of Korean Language & Literature
- 파리 5대학교 언어학 박사
  Ph.D. in Linguistics, University of Paris 5

김현진
Kim Hyun Jean
- 서울대학교 언어교육원 대우전임강사
  Seoul National University LEI Full-time Instructor
- 서울대학교 영어교육학 박사 수료
  Ph.D. Candidate in English Language Education, Seoul National University

김슬기
Kim Sulki
- 서울대학교 언어교육원 대우전임강사
  Seoul National University LEI Full-time Instructor
- 서울대학교 국어교육학 석사
  M.A. in Korean Language Education, Seoul National University

이정민
Lee Jeong Min
- 서울대학교 언어교육원 대우전임강사
  Seoul National University LEI Full-time Instructor
- 서울시립대학교 국어국문학 박사 수료
  Ph.D. Candidate in Korean Language & Literature, University of Seoul

번역 Translator

이수잔소명
Lee Susan Somyung
- 통번역가
  Translator & Interpreter
- 서울대학교 한국어교육학 석사
  M.A. in Korean Language Education as a Foreign Language, Seoul National University

번역 감수 Translation Supervisor

손성옥
Sohn Sung-Ock
- UCLA 아시아언어문화학과 교수
  UCLA Professor at the Department of Asian Languages & Cultures

감수 Supervisor

김은애
Kim Eun Ae
- 전 서울대학교 언어교육원 대우교수
  Former Seoul National University LEI Professor

자문 Consultants

한재영
Han Jae Young
- 한신대학교 명예교수
  Hanshin University Honorary Professor

최은규
Choi Eunkyu
- 전 서울대학교 언어교육원 대우교수
  Former Seoul National University LEI Professor

도와주신 분들 Contributing Staff

디자인 Design	(주)이츠북스 ITSBOOKS
삽화 Illustration	(주)예성크리에이티브 YESUNG Creative
녹음 Recording	미디어리더 Media Leader

서울대 한국어+
Student's Book 2A

초판 1쇄 발행 2022년 12월 28일
초판 5쇄 발행 2025년 12월 19일

지은이　　　서울대학교 언어교육원

펴낸곳　　　서울대학교출판문화원
주소　　　　08826 서울 관악구 관악로 1
도서주문　　02-889-4424, 02-880-7995
홈페이지　　www.snupress.com
페이스북　　@snupress1947
인스타그램　@snupress
이메일　　　snubook@snu.ac.kr
출판등록　　제15-3호

ISBN 978-89-521-3123-2 04710
　　　978-89-521-3116-4 (세트)

ⓒ 서울대학교 산학협력단 · 2022

이 책과 음원은 저작권법에 의해서 보호를 받는 저작물이므로
무단 전재와 복제를 금합니다.

Written by Language Education Institute, Seoul National University
Published by Seoul National University Press

Copyright ⓒ Seoul National University R&DB Foundation 2022

All rights reserved. No part of this publication may be reproduced in any form
without the written permission from publisher.

서울대 한국어+ 문법과 표현 2A

Student's Book

서울대학교출판문화원

2A

단원	과	문법과 표현
1 소개	1-1. 한국어를 배우려고 한국에 왔어요	① 몡(이)라고 하다 ② 동-(으)려고
	1-2. 제 고향은 춘천인데 닭갈비가 유명합니다	③ 몡인데 ④ 동형-지 않다
2 취미	2-1. 저는 요리하는 걸 좋아해요	① 동-는 것 ② 동-(으)ㄹ 줄 알다/모르다
	2-2. 매주 금요일이나 토요일에 모입니다	③ 몡(이)나 1 ④ 동-거나
3 여행 경험	3-1. 부산에 가 봤어요?	① 동-아/어 보다 ② 동형-(으)니까, 몡(이)니까
	3-2. 1박 2일 동안 전주에 갔다 왔어요	③ 몡 동안 ④ 동-고 나서
4 쇼핑	4-1. 이거보다 더 긴 거 있어요?	① 동-는 것 같다, 형-(으)ㄴ 것 같다, 몡인 것 같다 ② 몡보다
	4-2. 지난주에 산 운동화를 교환하고 싶습니다	③ 동-(으)ㄴ 몡 ④ 몡(으)로
5 우체국과 은행	5-1. 소포를 보내려고 왔는데요	① 동-는데요, 형-(으)ㄴ데요, 몡인데요 ② 동형-(으)ㄹ 거예요
	5-2. 비밀번호를 눌러 주세요	③ '르' 불규칙 ④ 동-(으)면 되다

단원	과	문법과 표현
6 하루 일과	6-1. 토요일마다 청소를 해요	① 명마다 ② 동-(으)ㄹ게요
	6-2. 수업이 끝난 후에 인사동에 갔어요	③ 동-기 전에 ④ 동-(으)ㄴ 후에
7 길 찾기	7-1. 서울대학교까지 얼마나 걸릴까요?	① 동형-(으)ㄹ까요? ② 동형-(으)ㄹ 것 같다, 명일 것 같다
	7-2. 영화관이 어디에 있는지 아세요?	③ 동-는지 알다/모르다, 명인지 알다/모르다 ④ 동-다가
8 모임	8-1. 축하 파티를 하기로 했어요	① 동-기로 하다 ② 동-(으)ㄹ까 하다
	8-2. 제가 먹을 것을 준비할게요	③ 동-(으)ㄹ 명 ④ 동형-(으)ㄹ 테니까
9 건강한 생활	9-1. 약을 먹는 게 어때요?	① 형-아/어 보이다 ② 동-는 게 어때요?
	9-2. 목이 부은 것 같아요	③ 'ㅅ' 불규칙 ④ 동-(으)ㄴ 것 같다

서울대 한국어+

❶ 명(이)라고 하다

▶ 명사에 붙여 격식적인 상황에서 자기를 소개할 때 사용합니다.
Attached to a noun, '(이)라고 하다' is used to introduce yourself in a formal situation.

명	이라고 하다	닛쿤	**닛쿤이라고 하다**
	라고 하다	아야나	**아야나라고 하다**

예 저는 **소날이라고 합니다**.

가: 처음 뵙겠습니다. 저는 아야나입니다.
나: 만나서 반갑습니다. 저는 **엥흐라고 합니다.**

▶ 사람 외의 것을 소개할 때도 사용합니다.
'(이)라고 하다' can also be used to introduce other things besides a person.

예 '안녕하세요'를 영어로 **뭐라고 해요**?
이것은 **김치라고 합니다**. 한국의 전통 음식입니다.

❷ 동-(으)려고

▶ **동사 어간에 붙어서 뒤에 오는 행동의 의도나 목적을 나타냅니다.**
Attached to a verb stem, '-(으)려고' indicates the intention or purpose of the action that follows.

동	-으려고	먹다	**먹으려고**
	-려고	가다	**가려고**

* 'ㄹ' 받침의 동사는 '-려고'를 사용합니다.
For verbs that end with the final consonant 'ㄹ,' use '-려고.'

예 점심을 **먹으려고** 학생 식당에 갔어요.
여권을 **만들려고** 사진을 찍었어요.

가: 어떻게 오셨어요?
나: 김 선생님을 **만나려고** 왔어요.

TIPS

동-(으)려고	동-(으)러
뒤에 모든 동사가 올 수 있습니다. Any verb can come after '-(으)려고.' 예 책을 사려고 책방에 갔어요. (○) 학교에 가려고 버스를 탔어요. (○)	뒤에 '가다, 오다, 다니다'와 같은 이동 동사만 올 수 있습니다. Only movement verbs such as '가다, 오다, 다니다' can follow after '-(으)러.' 예 책을 사러 책방에 갔어요. (○) 학교에 가러 버스를 탔어요. (×)
청유문, 명령문에서는 사용하지 않습니다. It cannot be used in propositive and imperative sentences. 예 밥을 먹으려고 식당에 갑시다. (×) 밥을 먹으려고 식당에 가세요. (×)	청유문, 명령문에서 사용할 수 있습니다. It can be used in propositive and imperative sentences. 예 밥을 먹으러 식당에 갑시다. (○) 밥을 먹으러 식당에 가세요. (○)
부정 표현과 사용할 수 있습니다. It can be used with a negation. 예 그 사람을 안 만나려고 모임에 안 갔어요. (○)	부정 표현과 사용할 수 없습니다. It cannot be used with a negation. 예 그 사람을 안 만나러 모임에 안 갔어요. (×)

❸ 명인데

▶ 명사에 붙여 어떤 사실을 소개하거나 부연 설명할 때 사용합니다.
Attached to a noun, '인데' is used to introduce factual information or provide additional explanations.

명	인데	세종대왕	**세종대왕인데**
		제주도	**제주도인데**

예) 이분은 **세종대왕인데** 한글을 만드셨습니다.
여기는 **서울대학교인데** 한국에서 가장 큰 대학교예요.

가: 그게 뭐예요?
나: **김밥인데** 정말 싸고 맛있어요.

▶ 비격식적인 상황에서 받침이 없는 경우 '-ㄴ데'로 줄여서 사용할 수 있으나 격식적인 상황에서는 '인데'를 사용하는 것이 좋습니다.
In an informal situation where there is no final consonant, '인데' can be shortened to '-ㄴ데.' However, in a formal situation, '인데' is preferred.

예) 이 사람은 우리 **언닌데** 대학생이에요.

❹ 동형-지 않다

▶ **동사나 형용사 어간에 붙어서 부정이나 반대의 의미를 나타냅니다.**
Attached to a verb or an adjective stem, '-지 않다' indicates a negation or an opposite meaning.

동형	-지 않다	먹다	먹지 않다
		크다	크지 않다

예 저는 고기를 **먹지 않아요**.
우리 집은 **크지 않지만** 편하고 좋습니다.

가: 아침 먹었어요?
나: 오늘은 시간이 없어서 **먹지 않았어요**.

TIPS

'못 동'는 '-지 못하다'로 쓸 수 있습니다.
'못 동' can be used as '-지 못하다.'

예 저는 매운 음식을 **먹지 못합니다**.

2단원

❶ 동-는 것

▶ 동사 어간에 붙여 명사처럼 만들어 줍니다.
Attached to a verb stem, '-는 것' makes the verb into a noun.

동	-는 것	먹다	먹는 것
		가다	가는 것

* 'ㄹ' 받침의 동사는 'ㄹ'을 탈락시킵니다.
For verbs that end with the final consonant 'ㄹ,' drop the 'ㄹ.'

▶ 다른 명사와 같이 뒤에 '이/가', '을/를' 등의 조사를 붙여 사용합니다.
Like other nouns, '-는 것' is used by attaching particles such as '이/가' and '을/를.'

예 저는 사진 **찍는 것**을 좋아합니다.
요리하는 것이 재미있어요.

가: 취미가 뭐예요?
나: 제 취미는 인형 **만드는 거**예요.

▶ '-는 것'의 '것'은 비격식적인 상황에서 '거'로 사용되는데 뒤에 조사가 올 때 다음과 같이 줄여서 사용합니다.
'것' of '-는 것' is shortened as '거' in an informal situation, and if followed by a particle, it is shortened as follows:

것이 = 게   예 한국어 **배우는 게** 재미있어요.
것을 = 걸   예 사람들 앞에서 노래 **부르는 걸** 싫어해요.
것은 = 건   예 **운동하는 건** 힘들어요.

❷ 동-(으)ㄹ 줄 알다/모르다

▶ 동사 어간에 붙어서 어떤 일을 하는 방법을 알거나 능력이 있는지를 나타냅니다.
Attached to a verb stem, '-(으)ㄹ 줄 알다/모르다' indicates whether or not you have the ability or know how to do something.

동	-을 줄 알다/모르다	읽다	읽을 줄 알다
	-ㄹ 줄 알다/모르다	농구하다	농구할 줄 알다

* 'ㄹ' 받침의 동사는 'ㄹ'을 탈락시키고 '-ㄹ 줄 알다/모르다'를 사용합니다.
For verbs that end with the final consonant 'ㄹ,' drop the 'ㄹ' and use '-ㄹ 줄 알다/모르다.'

예) 저는 한글을 **읽을 줄 몰라요**.
저는 테니스를 **칠 줄 알아요**.

가: 김밥을 **만들 줄 알아요**?
나: 아니요. **만들 줄 몰라요**.

TIPS

동-(으)ㄹ 줄 알다/모르다	동-(으)ㄹ 수 있다/없다
방법을 아는지 모르는지가 중요합니다. It is important whether or not you know how to do something. 예) 수영할 줄 알아요. (○) 걸을 줄 알아요. (×)	능력이 있는지 없는지가 중요합니다. It is important whether or not you have the ability. 예) 수영할 수 있어요. (○) 걸을 수 있어요. (○)
어떤 상황에서 그 일이 가능한지를 나타낼 때 사용할 수 없습니다. It cannot be used to indicate that an action is possible under a certain situation. 예) 주말에 파티에 올 줄 알아요? (×) 술을 마셔서 지금 운전할 줄 모릅니다. (×)	어떤 상황에서 그 일이 가능한지를 나타낼 때 사용할 수 있습니다. It can be used to indicate that an action is possible under a certain situation. 예) 주말에 파티에 올 수 있어요? (○) 술을 마셔서 지금 운전할 수 없습니다. (○)

❸ 명(이)나 1

▶ 명사에 붙어서 둘 이상의 것 중 하나를 선택함을 나타냅니다.
Attached to a noun, '(이)나' indicates a choice from two or more things.

명	이나	김밥	김밥이나
	나	우유	우유나

예 **도서관이나** 카페에서 숙제를 해요.
아침에 **빵이나** 과일을 먹습니다.

가: 방학에 어디에 가고 싶어요?
나: **제주도나** 부산에 가고 싶어요.

❹ 동-거나

▶ 동사 어간에 붙어서 둘 이상의 행동 중 하나를 선택함을 나타냅니다.
Attached to a verb stem, '-거나' indicates a choice from two or more actions.

동	-거나	먹다	**먹거나**
		가다	**가거나**

예 주말에 같이 밥을 **먹거나** 영화를 볼까요?
　　부모님이 보고 싶으면 **전화하거나** 사진을 봐요.

　　가: 한국어 공부가 끝나면 뭐 하고 싶어요?
　　나: 대학원에 **가거나** 한국 회사에 취직하고 싶어요.

3단원

❶ 동-아/어 보다

▶ 동사 어간에 붙어서 시도나 경험을 나타냅니다.
Attached to a verb stem, '-아/어 보다' indicates an attempt or experience.

동	ㅏ, ㅗ	➡	-아 보다	가다	**가 보다**
	그 외 모음	➡	-어 보다	만들다	**만들어 보다**
	하다	➡	해 보다	요리하다	**요리해 보다**

예 KTX를 **타 봤어요**.
아르바이트를 **해 봤어요**.

가: 불고기를 **먹어 봤어요**?
나: 아니요. 아직 안 **먹어 봤어요**.
가: 그럼 한번 **먹어 보세요**. 맛있어요.

❷ 동형-(으)니까, 명(이)니까

▶ 동사나 형용사 어간에 '-(으)니까', 명사에 '(이)니까'가 붙어서 이유를 나타냅니다.
'-(으)니까' is attached to a verb or an adjective stem, while '(이)니까' is attached to a noun to indicate a reason.

동형	-으니까	먹다	**먹으니까**
	-니까	싸다	**싸니까**

* 'ㄹ' 받침의 동사나 형용사는 'ㄹ'을 탈락시키고 '-니까'를 사용합니다.
For verbs or adjectives that end with the final consonant 'ㄹ,' drop the 'ㄹ' and use '-니까.'

명	이니까	학생	**학생이니까**
	니까	의사	**의사니까**

예 내일 시험을 **보니까** 열심히 공부하세요.
여기는 **도서관이니까** 조용히 하세요.

가: 수업 끝나고 뭐 할까요?
나: 오늘 날씨가 **좋으니까** 한강에 갈까요?

가: 뭘 타고 갈까요?
나: 조금 **머니까** 버스를 타고 가요.

TIPS

동형-(으)니까	동형-아서/어서
'-(으)세요', '-(으)ㅂ시다', '-(으)ㄹ까요?'와 함께 자주 사용합니다. It is often used with '-(으)세요,' '-(으)ㅂ시다,' and '-(으)ㄹ까요?' 예 열이 나니까 약을 드세요. (○) 　배고프니까 식당에 갑시다. (○) 　더우니까 아이스크림을 먹을까요? (○)	'-(으)세요', '-(으)ㅂ시다', '-(으)ㄹ까요?'와 함께 사용할 수 없습니다. It cannot be used with '-(으)세요,' '-(으)ㅂ시다,' and '-(으)ㄹ까요?' 예 열이 나서 약을 드세요. (×) 　배고파서 식당에 갑시다. (×) 　더워서 아이스크림을 먹을까요? (×)
'-았/었-'과 함께 사용할 수 있습니다. It can be used with the past tense marker '-았/었-.' 예 감기에 걸렸으니까 집에서 쉬세요. (○)	'-았/었-'과 함께 사용할 수 없습니다. It cannot be used with the past tense marker '-았/었-.' 예 감기에 걸렸어서 집에서 쉴 거예요. (×)

▶ 예의 있게 이유를 설명할 때에는 '-(으)니까'를 사용하지 않는 것이 좋습니다.
When explaining a reason politely, it is best not to use '-(으)니까.'

　예 늦어서 죄송합니다. (○)　　도와주셔서 감사합니다. (○)
　　 늦었으니까 죄송합니다. (×)　도와주셨으니까 감사합니다. (×)

❸ 명 동안

▶ 시간이나 기간의 의미를 가진 명사 뒤에서 어떤 행위나 상태가 계속되고 있는 시간의 길이를 나타냅니다.
Following a noun with the meaning of time or period, '동안' indicates the duration of the continuing action or state.

명	동안	방학	방학 동안
		휴가	휴가 동안

예 저는 **일 년 동안** 한국에 살 거예요.
우리는 **방학 동안** 태권도를 배웠습니다.

가: 하루에 **몇 시간 동안** 운동해요?
나: **한 시간 동안** 운동해요.

❹ 동-고 나서

▶ 동사 어간에 붙어서 어떤 행위를 끝내고 다른 행위를 하거나 다른 상황이 일어나는 것을 나타냅니다.
Attached to a verb stem, '-고 나서' indicates transitioning to another action or situation, after completing a previous action.

동	-고 나서	먹다	먹고 나서
		가다	가고 나서

예) 밥을 **먹고 나서** 약을 먹어야 해요.
운동하고 나서 샤워했어요.
숙제를 **하고 나서** 저녁 먹을 거예요.

가: 지금 예약해야 돼요?
나: 아니요. 천천히 **생각해 보고 나서** 연락 주세요.

4단원

❶ 동-는 것 같다, 형-(으)ㄴ 것 같다, 명인 것 같다

▶ 동사 어간에 '-는 것 같다', 형용사 어간에 '-(으)ㄴ 것 같다', 명사에 '인 것 같다'가 붙어서 여러 상황으로 미루어 그런 일이 일어나거나 그러한 상태에 있다고 추측함을 나타냅니다.

'-는 것 같다' attaches to a verb stem, '-(으)ㄴ 것 같다' attaches to an adjective stem, and '인 것 같다' attaches to a noun to indicate the speaker's guess about the current state of what is happening.

동	-는 것 같다	먹다	먹는 것 같다
		자다	자는 것 같다

* 'ㄹ' 받침의 동사는 'ㄹ'을 탈락시킵니다.
For verbs that end with the final consonant 'ㄹ,' drop the 'ㄹ.'

형	-은 것 같다	작다	작은 것 같다
	-ㄴ 것 같다	크다	큰 것 같다

* 'ㄹ' 받침의 형용사는 'ㄹ'을 탈락시키고 '-ㄴ 것 같다'를 사용합니다.
For adjectives that end with the final consonant 'ㄹ,' drop the 'ㄹ' and use '-ㄴ 것 같다.'

명	인 것 같다	선생님	선생님인 것 같다
		의사	의사인 것 같다

예 제니 씨는 코트를 자주 **입는 것 같아요**.
다니엘 씨는 인형을 잘 **만드는 것 같아요**.
이 구두가 좀 **비싼 것 같아요**.

오늘 날씨가 **추운 것 같아요**.
바지가 좀 **긴 것 같아요**.

가: 저 사람은 누구예요?
나: 나나 씨 **동생인 것 같아요**.

▶ '있다, 없다'는 '-는 것 같다'와 결합합니다.
'있다, 없다' combine with '-는 것 같다.'

 마리 씨가 지금 집에 **없는 것 같아요**.

말하는 사람이 자신의 생각을 강하게 말하지 않고 겸손하거나 부드럽게 말할 때도 사용할 수 있습니다.
This expression can also be used when the speaker speaks humbly or softly without strongly asserting their thoughts.

예 저한테는 잘 안 어울리는 것 같아요.

❷ 명보다

▶ 명사에 붙여 서로 다른 것을 비교할 때 사용하며, '보다' 앞에 오는 말이 비교의 기준이 됩니다.
Attached to a noun, '보다' is used to compare different things, and the word that precedes '보다' is the criteria for comparison.

명	보다	오늘	오늘보다
		어제	어제보다

예 저는 **형보다** 키가 커요.
축구보다 농구를 더 좋아해요.

가: 비행기표가 비싸네요.
나: 작년에는 **올해보다** 더 비쌌어요.

▶ '보다'는 비교 대상이 되는 말의 앞이나 뒤에 모두 올 수 있습니다.
'보다' can come before or after the subject.

예 **어제보다** 오늘이 더 추워요.
= 오늘이 **어제보다** 더 추워요.

❸ 동-(으)ㄴ 명

▶ 동사 어간에 붙어서 뒤에 오는 명사를 수식하고, 사건이나 행위가 과거에 일어났음을 나타냅니다.
Attached to a verb stem, '-(으)ㄴ' modifies the noun that follows and indicates that an event or action has happened in the past.

동	-은	먹다	먹은
	-ㄴ	사다	산

* 'ㄹ' 받침의 동사는 'ㄹ'을 탈락시키고 '-ㄴ'을 사용합니다.
  For verbs that end with the final consonant 'ㄹ,' drop the 'ㄹ' and use '-ㄴ.'

예 어제 **먹은 피자**가 맛있었어요.
지난 방학에 **보낸 편지**가 지금 도착했어요.
제가 **만든 케이크**예요. 한번 드셔 보세요.

가: 아까 **이야기한 사람**이 누구예요?
나: 제 동아리 친구예요.

❹ 명(으)로

▶ **명사에 붙어서 어떤 일의 수단이나 도구임을 나타냅니다.**
Attached to a noun, '(으)로' indicates the means or method of an action.

명	으로	볼펜	**볼펜으로**
	로	지우개	**지우개로**

* 'ㄹ' 받침의 명사는 '로'를 붙입니다.
For nouns that end with the final consonant 'ㄹ,' use '로.'

예 편지를 **손으로** 썼어요.
　　 젓가락이 없으니까 **포크로** 드세요.

　　 가: 학교에 뭘 타고 갔어요?
　　 나: **지하철로** 갔어요.

5단원

❶ 동-는데요, 형-(으)ㄴ데요, 명인데요

▶ 동사 어간에 '-는데요', 형용사 어간에 '-(으)ㄴ데요', 명사에 '인데요'를 붙여 어떤 사실을 전달하면서 듣는 사람의 반응을 기대할 때 사용합니다.

'-는데요' attaches to a verb stem, '-(으)ㄴ데요' attaches to an adjective stem, and '인데요' attaches to a noun to convey a fact while anticipating the listener's reaction.

| 동 | -는데요 | 먹다 | **먹는데요** |
| | | 가다 | **가는데요** |

* 'ㄹ' 받침의 동사는 'ㄹ'을 탈락시킵니다.
  For verbs that end with the final consonant 'ㄹ,' drop the 'ㄹ.'

| 형 | -은데요 | 작다 | **작은데요** |
| | -ㄴ데요 | 크다 | **큰데요** |

* 'ㄹ' 받침의 형용사는 'ㄹ'을 탈락시키고 '-ㄴ데요'를 사용합니다.
  For adjectives that end with the final consonant 'ㄹ,' drop the 'ㄹ' and use '-ㄴ데요.'

| 명 | 인데요 | 학생 | **학생인데요** |
| | | 친구 | **친구인데요** |

예 가: 운동하러 가요?
나: 아니요. 학교에 **가는데요**.

가: 어디에 사세요?
나: 서울대 기숙사에 **사는데요**.

가: 옷이 잘 맞아요?
나: 아니요. 저한테 좀 **작은데요**.

가: 바지가 어떠세요?
나: 좀 **긴데요**. 더 짧은 거 있어요?

가: 하이 씨 동생이에요?
나: 아니요. 우리 **형인데요**.

▶ '있다, 없다'는 '-는데요'와 결합합니다.
'있다, 없다' combine with '-는데요.'

예 가: 음식이 입에 잘 맞아요?
나: 네. **맛있는데요**.

▶ 과거의 상황을 나타낼 때에는 '-았는데요/었는데요'를 사용합니다.
When expressing a past situation, '-았는데요/었는데요' is used.

예 가: 유진 씨는 어디에 있어요?
나: 화장실에 **갔는데요**.

가: 어제는 날씨가 어땠어요?
나: **따뜻했는데요**.

가: 김 선생님을 만나러 **왔는데요**.
나: 김 선생님은 지금 수업하고 계세요.

▶ 받침이 없는 명사의 경우 '-ㄴ데요'로 줄여서 사용할 수 있습니다.
For nouns without a final consonant, it can be abbreviated as '-ㄴ데요.'

예 이 사람은 우리 **언닌데요**. 회사에 다녀요.

❷ 동형-(으)ㄹ 거예요

▶ 동사나 형용사 어간에 붙어서 어떤 상황이나 사실에 대한 추측을 나타냅니다.
Attached to a verb or an adjective stem, '-(으)ㄹ 거예요' indicates a guess of a certain situation or fact.

동형	-을 거예요	읽다	**읽을 거예요**
	-ㄹ 거예요	비싸다	**비쌀 거예요**

* 'ㄹ' 받침의 동사와 형용사는 'ㄹ'을 탈락시키고 '-ㄹ 거예요'를 사용합니다.
  For verbs or adjectives that end with the final consonant 'ㄹ,' drop the 'ㄹ' and use '-ㄹ 거예요.'

예 에릭 씨는 치킨을 좋아하니까 삼계탕도 **잘 먹을 거예요**.
방금 만든 빵이니까 드셔 보세요. **맛있을 거예요**.

가: 서울대학교까지 버스로 얼마나 걸려요?
나: 보통 20분쯤 걸려요. 그런데 지금 퇴근 시간이라서 더 오래 **걸릴 거예요**.

가: 테오 씨 전화번호를 아세요?
나: 아니요. 저는 모르는데요. 아마 다니엘 씨가 **알 거예요**.

▶ 과거의 상황에 대해 추측할 때는 '-았을/었을 거예요'를 사용합니다.
When making a guess about a past situation, '-았을/었을 거예요' is used.

예 제니 씨는 아마 아르바이트하러 **갔을 거예요**.

❸ '르' 불규칙

▶ 어간이 '르'로 끝나는 동사나 형용사는 '-아/어'와 만나면 'ㅡ'가 탈락하고 'ㄹ'이 삽입됩니다. 그래서 'ㄹㄹ' 형태가 됩니다. 어간이 '르'로 끝나는 동사에는 '누르다, 모르다, 부르다, 오르다, 서두르다', 형용사에는 '빠르다, 다르다' 등이 있습니다.

If a verb or an adjective stem ending with '르' is combined with '-아/어,' the vowel 'ㅡ' is dropped and 'ㄹ' is added. Therefore, it becomes the form of 'ㄹㄹ.' Examples of '르' ending verbs are '누르다, 모르다, 부르다, 오르다, 서두르다,' and '르' ending adjectives are '빠르다, 다르다.'

	-습니다/ㅂ니다	-아요/어요	-(으)ㄹ 거예요	-는데요/(으)ㄴ데요
모르다	모릅니다	몰라요	모를 거예요	모르는데요
오르다	오릅니다	올라요	오를 거예요	오르는데요
누르다	누릅니다	눌러요	누를 거예요	누르는데요
부르다	부릅니다	불러요	부를 거예요	부르는데요
서두르다	서두릅니다	서둘러요	서두를 거예요	서두르는데요
다르다	다릅니다	달라요	다를 거예요	다른데요
빠르다	빠릅니다	빨라요	빠를 거예요	빠른데요

예) 선생님이 학생의 이름을 **불렀어요**.
한국과 우리 나라는 문화가 **달라서** 재미있어요.

가: 왜 지하철을 타고 왔어요?
나: 출근 시간에는 지하철이 택시보다 **빨라요**.

❹ 동-(으)면 되다

▶ 동사 어간에 붙어서 조건이 되는 어떤 행동을 하면 문제가 없거나 충분함을 나타냅니다.
Attached to a verb stem, '-(으)면 되다' indicates if you do a conditional action, either there is no issue, or it is sufficient.

동	-으면 되다	먹다	**먹으면 되다**
	-면 되다	가다	**가면 되다**

* 'ㄹ' 받침의 동사는 '-면 되다'를 사용합니다.
For verbs that end with the final consonant 'ㄹ,' use '-면 되다.'

예 현금이 없으면 카드로 **내면 됩니다**.

가: 선생님, 이 책을 언제까지 읽어야 돼요?
나: 이번 주 토요일까지 **읽으면 돼요**.

가: 학생증을 잃어버렸어요. 어떻게 하지요?
나: 사무실에 가서 다시 **만들면 됩니다**.

6단원

❶ 명마다

▶ 명사에 붙어서 '빠짐없이, 모두'의 뜻을 나타내거나 시간을 나타내는 명사에 붙어서 상황이 반복됨을 나타냅니다.
When attached to a noun, '마다' denotes 'without an omission or all.' When attached to a noun with the meaning of time, it indicates a situation is repeating.

명	마다	10분	**10분마다**
		나라	**나라마다**

예 저는 **날마다** 한국어를 공부해요.
이 버스는 **10분마다** 옵니다.
나라마다 문화가 달라요.

가: 여름방학에 뭐 할 거예요?
나: 우리 가족은 **여름방학마다** 제주도에 가요.

TIPS

'날마다', '주마다', '달마다', '해마다'는 '매일', '매주', '매달/매월', '매년/매해'로 바꿀 수 있습니다.
'날마다,' '주마다,' '달마다,' '해마다' can be changed to '매일,' '매주,' '매달/매월,' '매년/매해.'

❷ 동-(으)ㄹ게요

▶ 동사 어간에 붙어서 말하는 사람의 의지나 약속을 나타냅니다.
Attached to a verb stem, '-(으)ㄹ게요' indicates the speaker's will or promise.

동	-을게요	읽다	읽을게요
	-ㄹ게요	사다	살게요

* 'ㄹ' 받침의 동사는 'ㄹ'을 탈락시키고 '-ㄹ게요'를 사용합니다.
For verbs that end with the final consonant 'ㄹ,' drop the 'ㄹ' and use '-ㄹ게요.'

예 제가 방을 **닦을게요**.
　　제가 피자를 **만들게요**.

　　가: 누가 나나 씨한테 전화할 거예요?
　　나: 제가 **할게요**.

▶ 격식적인 상황에서는 '-겠습니다'를 사용합니다.
In a formal situation, use '-겠습니다.'

예 제가 식당을 **예약하겠습니다**.
　　다음 주에 다시 **오겠습니다**.

❸ 동-기 전에

▶ 동사 어간에 붙어서 뒤에 오는 행동이 먼저 일어남을 나타냅니다.
Attached to a verb stem, '-기 전에' indicates the action that follows will happen first.

동	-기 전에	먹다	먹기 전에
		자다	자기 전에

예 밥을 **먹기 전에** 손을 씻으세요.
수영하기 전에 준비운동을 해야 돼요.

가: 한국에 **오기 전에** 무슨 일을 하셨어요?
나: 한국에 **오기 전에** 군인이었어요.

▶ '-았/었-'과 함께 사용할 수 없습니다.
It cannot be used together with '-았/었.'

예 밥을 먹기 전에 손을 씻었어요. (○)
밥을 먹었기 전에 손을 씻었어요. (×)

TIPS

명사 뒤에는 '전에'만 사용합니다.
After a noun, only '전에' is used.
예 저는 10분 전에 도착했어요.
식사 전에 약을 드셔야 합니다.

❹ 동-(으)ㄴ 후에

▶ 동사 어간에 붙어서 뒤에 오는 행동이 나중에 일어남을 나타냅니다.
Attached to a verb stem, '-(으)ㄴ 후에' indicates the action that follows will happen later.

동	-은 후에	먹다	먹은 후에
	-ㄴ 후에	숙제하다	숙제한 후에

* 'ㄹ' 받침의 동사는 'ㄹ'을 탈락시키고 '-ㄴ 후에'를 사용합니다.
For verbs that end with the final consonant 'ㄹ,' drop the 'ㄹ' and use '-ㄴ 후에.'

예 저는 보통 아침을 **먹은 후에** 운동하러 가요.
수업이 끝나면 숙제를 먼저 **한 후에** 텔레비전을 볼 거예요.
설명을 다 **들은 후에** 질문하세요.
먼저 여권을 **만든 후에** 비행기표를 사세요.

가: 주말에 뭐 했어요?
나: 일어나서 집을 **청소한 후에** 친구들을 만났어요.

TIPS

'-(으)ㄴ 후에'는 '-(으)ㄴ 다음에', '-(으)ㄴ 뒤에'로 바꿔 쓸 수 있습니다.
'-(으)ㄴ 후에' can be interchangeably used with '-(으)ㄴ 다음에' or '-(으)ㄴ 뒤에.'

예 아침을 먹은 후에 운동하러 가요.
= 아침을 먹은 다음에 운동하러 가요.
= 아침을 먹은 뒤에 운동하러 가요.

7단원

❶ 동 형 -(으)ㄹ까요?

▶ 동사나 형용사의 어간에 붙여 추측을 하면서 질문할 때 사용합니다.
Attached to a verb or an adjective stem, '-(으)ㄹ까요?' is used to ask a question while making a guess.

동 형	-을까요?	먹다	먹을까요?
	-ㄹ까요?	싸다	쌀까요?

* 'ㄹ' 받침의 동사나 형용사는 'ㄹ'을 탈락시키고 '-ㄹ까요'를 사용합니다.
  For verbs or adjectives that end with the final consonant 'ㄹ,' drop the 'ㄹ' and use '-ㄹ까요?'

예 지금 출발하면 수업 시간에 **늦을까요**?
기차표를 살 수 **있을까요**?
내일도 날씨가 **더울까요**?
내일 도서관이 문을 **열까요**?

가: 이 옷이 아야나 씨에게 **클까요**?
나: 글쎄요. 저도 잘 모르겠어요.

▶ 과거의 상황에 대해 추측하면서 질문할 때는 '-았을까요/었을까요?'를 사용합니다.
When asking a question while making a guess about a past situation, use '-았을까요/었을까요?'

예 수업이 **끝났을까요**?   비행기가 **도착했을까요**?

▶ 명사에는 '일까요?'를 붙여 사용합니다.
Combined with nouns, use '일까요?'

예 가: 저 사람이 **학생일까요**?
나: 아니요. 선생님일 거예요.

❷ 동형-(으)ㄹ 것 같다, 명일 것 같다

▶ 동사나 형용사 어간에 '-(으)ㄹ 것 같다', 명사에 '일 것 같다'가 붙어서 여러 상황으로 미루어 막연히 추측할 때 사용합니다.
'-(으)ㄹ 것 같다' attaches to a verb or an adjective stem, and '일 것 같다' attaches to a noun to indicate vague guesses based on the various situation.

동형	-을 것 같다	먹다	먹을 것 같다
	-ㄹ 것 같다	싸다	쌀 것 같다

* 'ㄹ' 받침의 동사나 형용사는 'ㄹ'을 탈락시키고 '-ㄹ 것 같다'를 사용합니다.
For verbs or adjectives that end with the final consonant 'ㄹ,' drop the 'ㄹ' and use '-ㄹ 것 같다.'

명	일 것 같다	학생	학생일 것 같다
		친구	친구일 것 같다

예 그 옷이 좀 **작을 것 같아요**.
가방이 **무거울 것 같아요**.
바지가 저한테 좀 **길 것 같아요**.
피자가 너무 커서 다 **못 먹을 것 같아요**.

가: 지금 길이 복잡할까요?
나: 네. 비가 와서 길이 **막힐 것 같아요**.

▶ 과거의 상황에 대해 추측할 때는 '-았을/었을 것 같다'를 사용합니다.
When making a guess about a past situation, '-았을/었을 것 같다' is used.

예 어제 등산했지요? 날씨가 안 좋아서 **힘들었을 것 같아요**.
지금은 9시니까 동생이 **일어났을 것 같아요**.

❸ 동-는지 알다/모르다, 명인지 알다/모르다

명동에 어떻게 가는지 아세요?

네. 지하철 4호선을 타고 가면 돼요.

▶ 동사의 어간에 '-는지 알다/모르다', 명사에 '인지 알다/모르다'를 붙여 어떤 사실이나 방법을 알고 있는지 묻거나 대답할 때 사용합니다. 보통 '누구, 언제, 무엇, 어디, 왜' 등과 같은 의문사와 함께 사용합니다.

'-는지 알다/모르다' attaches to a verb stem and '인지 알다/모르다' attaches to a noun, and they are used to ask or answer if you know a fact or know how to do something. Usually, they are used with interrogatives such as who, when, what, where, and why.

| 동 | -는지 알다/모르다 | 먹다 | 먹는지 알다 |
| | | 가다 | 가는지 알다 |

* 'ㄹ' 받침의 동사는 'ㄹ'을 탈락시킵니다.
  For verbs that end with the final consonant 'ㄹ,' drop the 'ㄹ.'

| 명 | 인지 알다/모르다 | 무엇 | 무엇인지 알다 |
| | | 어디 | 어디인지 알다 |

예 비행기가 몇 시에 **도착하는지** 아세요?
저는 김밥을 어떻게 **만드는지** 몰라요.
마리 씨가 왜 학교에 **안 왔는지** 알아요?

가: 닛쿤 씨 생일이 **며칠인지 알아요**?
나: 저도 닛쿤 씨 생일이 **며칠인지 모르겠어요**.

▶ 받침이 없는 의문사 뒤에서는 줄여서 사용할 때가 많습니다. '무엇'의 줄임말인 '뭐'와 함께 쓸 때는 '뭐인지'라고 쓰지 않고 항상 '뭔지'로 줄여서 사용합니다.
'-인지' is often shortened to '-ㄴ지' when used after an interrogative word with no final consonant. When using the shortened form '뭐,' always use '뭔지' and not '뭐인지.'

예 화장실이 **어딘지 아세요**?
그 시계가 **얼만지 몰라요**.
이게 **뭔지 알아요**?

❹ 동-다가

지하철역이 어디에 있는지 아세요?

네. 쭉 가다가 오른쪽으로 돌아가세요.

▶ 동사의 어간에 붙여 어떤 행동이나 상태가 다른 것으로 바뀔 때 사용합니다.
Attached to a verb stem, '-다가' is used when an action or state changes to something else.

동	-다가	먹다	**먹다가**
		자다	**자다가**

예) 밥을 **먹다가** 전화를 받았어요.
어젯밤에 숙제를 **하다가** 너무 피곤해서 잤어요.

가: 은행이 어디에 있어요?
나: 쭉 **가다가** 오른쪽으로 돌아가세요.

▶ 앞의 절과 뒤의 절의 주어가 같습니다.
The first and second clauses have the same subject.

예) 저는 드라마를 보다가 울었어요. (○)
저는 드라마를 보다가 친구가 울었어요. (×)

TIPS

외부 상태의 변화를 표현할 때도 사용할 수 있습니다.
You can use it to express the changes of external conditions.

예) 아까는 비가 오다가 이제는 눈이 옵니다.

'-다'로 줄여서 사용할 수 있습니다.
It can be shortened to '-다' for use.

예) 휴대폰을 보다 잤어요.

❶ 동-기로 하다

▶ 동사의 어간에 붙어서 결정이나 결심, 약속의 뜻을 나타냅니다.
Attached to a verb stem, '-기로 하다' indicates a decision, determination, or promise.

동	-기로 하다	먹다	먹기로 하다
		가다	가기로 하다

예 오늘부터 담배를 **끊기로 했어요**.
이번 주말에 친구들과 여행 **가기로 했어요**.

가: 추석에 뭐 할 거예요?
나: 고향에 가서 가족들을 **만나기로 했어요**.

▶ '-기로 하다' 앞에는 '-았/었-'을 사용할 수 없습니다.
'-았/었-' cannot be used in front of '-기로 하다.'

예 우리는 내일부터 운동을 시작하기로 했습니다. (○)
우리는 내일부터 운동을 시작했기로 했습니다. (×)

❷ 동-(으)ㄹ까 하다

▶ 동사의 어간에 붙어서 어떤 행동을 할 마음이나 생각이 있음을 나타냅니다.
Attached to a verb stem, '-(으)ㄹ까 하다' indicates the speaker's intention or thought of doing something.

동	-을까 하다	먹다	먹을까 하다
	-ㄹ까 하다	가다	갈까 하다

* 'ㄹ' 받침의 동사는 'ㄹ'을 탈락시키고 '-ㄹ까 하다'를 사용합니다.
For verbs that end with the final consonant 'ㄹ,' drop the 'ㄹ' and use '-ㄹ까 하다.'

예 주말에 집에서 쉬면서 책을 **읽을까 해요**.
오후에 쇼핑하러 백화점에 **갈까 해요**.
이번 주말에 친구들하고 **놀까 해요**.

가: 오늘 뭐 먹을 거예요?
나: 매운 걸 먹고 싶어서 떡볶이를 **만들까 해요**.

❸ 동-(으)ㄹ 명

▶ 동사의 어간에 붙어서 명사를 수식하게 하고 그 동사로 표현되는 사건이나 행위가 일어나지 않았거나 정해진 사실이 아님을 나타냅니다.

Attached to a verb stem, '-(으)ㄹ' modifies a noun, indicating that an event or action expressed by the verb has not happened or is not an established fact.

동	-을	먹다	먹을
	-ㄹ	가다	갈

* 'ㄹ' 받침의 동사는 'ㄹ'을 탈락시키고 '-ㄹ'을 사용합니다.
For verbs that end with the final consonant 'ㄹ,' drop the 'ㄹ' and use '-ㄹ.'

예 냉장고에 **먹을 게** 없어요.
　　지난 주말에 아르바이트를 해야 돼서 **공부할 시간**이 없었어요.
　　제가 오늘 **만들 음식**은 떡볶이예요.

　　가: 왜 안 들어가고 여기 있어요?
　　나: 지금 식당에 사람이 많아서 **앉을 자리**가 없어요.

❹ 동형-(으)ㄹ 테니까

▶ 동사나 형용사의 어간에 붙어서 뒤의 내용에 대한 조건으로서 말하는 사람의 의지나 강한 추측을 나타냅니다.

Attached to a verb or an adjective stem, '-(으)ㄹ 테니까' indicates the speaker's will or a strong guess as the condition for the following clause.

동형	-을 테니까	먹다	**먹을 테니까**
	-ㄹ 테니까	가다	**갈 테니까**

* 'ㄹ' 받침의 동사나 형용사는 'ㄹ'을 탈락시키고 '-ㄹ 테니까'를 사용합니다.
  For verbs or adjectives that end with the final consonant 'ㄹ,' drop the 'ㄹ' and use '-ㄹ 테니까.'

예 제가 방을 **닦을 테니까** 책장 정리를 해 주세요.
출근 시간이라서 길이 **복잡할 테니까** 지하철을 타세요.
제가 음식을 **만들 테니까** 아야나 씨는 청소를 해 주세요.

가: 비가 올 것 같아요. 그런데 우산이 없어요.
나: 제가 **빌려줄 테니까** 걱정하지 마세요.

9단원

❶ 형-아/어 보이다

▶ 형용사의 어간에 붙어서 어떤 대상을 보고 그것에 대해 짐작하거나 판단함을 나타냅니다.
Attached to an adjective stem, '-아/어 보이다' indicates looking at something, then making an assumption or judgement.

형	ㅏ, ㅗ	➡	-아 보이다	작다	**작아 보이다**
	그 외 모음	➡	-어 보이다	맛있다	**맛있어 보이다**
	하다	➡	해 보이다	깨끗하다	**깨끗해 보이다**

예) 마리 씨는 오늘 기분이 **좋아 보여요**.
가방이 많이 **무거워 보이네요**.

가: 다니엘 씨의 나이를 알아요?
나: 아니요. 모르겠어요. 그런데 별로 나이가 **많아 보이지** 않아요.

❷ 동-는 게 어때요?

▶ 동사의 어간에 붙여 어떤 일을 조언하거나 권유할 때 사용합니다.
Attached to a verb stem, '-는 게 어때요?' is used to advise or suggest something.

동	-는 게 어때요?	먹다	먹는 게 어때요?
		가다	가는 게 어때요?

* 'ㄹ' 받침의 동사는 'ㄹ'을 탈락시킵니다.
 For verbs that end with the final consonant 'ㄹ,' drop the 'ㄹ.'

예 시간이 없으니까 택시를 **타는 게 어때요**?
안 쓰는 그릇은 **파는 게 어때요**?
태권도를 **배워 보는 게 어때요**?

가: 저는 매운 음식을 잘 못 먹어요.
나: 그럼 삼계탕을 **먹는 게 어때요**?

❸ 'ㅅ' 불규칙

목이 부어서 너무 아파요.

그럼 이비인후과에 가 보세요.

▶ 어간이 'ㅅ' 받침으로 끝나는 동사나 형용사는 모음으로 시작하는 어미와 결합할 때 받침 'ㅅ'이 탈락합니다. 'ㅅ' 불규칙 동사에는 '낫다, 짓다, 붓다, 젓다' 등이 있습니다.

If the verb or adjective stem ending with the final consonant 'ㅅ' combines with an ending starting with a vowel, the final consonant 'ㅅ' is dropped. Examples of the 'ㅅ' irregular verbs are '낫다, 짓다, 붓다, 젓다.'

	-습니다/ㅂ니다	-아요/어요	-았어요/었어요	-(으)니까
낫다	낫습니다	나아요	나았어요	나으니까
짓다	짓습니다	지어요	지었어요	지으니까
붓다	붓습니다	부어요	부었어요	부으니까
젓다	젓습니다	저어요	저었어요	저으니까

예) 감기가 다 **나았어요**.
이 고양이에게 이름을 **지어 주세요**.
커피에 우유를 넣었으니까 잘 **저어서** 드세요.

가: 울었어요? 눈이 많이 **부었네요**.
나: 아니요. 라면을 먹고 자서 **부었어요**.

TIPS
'웃다, 씻다' 등은 규칙 용언이므로 'ㅅ' 불규칙 활용을 하지 않습니다.
Since '웃다, 씻다' are regular predicates, the 'ㅅ' irregular conjugation does not apply.
예) 하이 씨는 항상 웃어요.
과일을 씻어서 드세요.

❹ 동-(으)ㄴ 것 같다

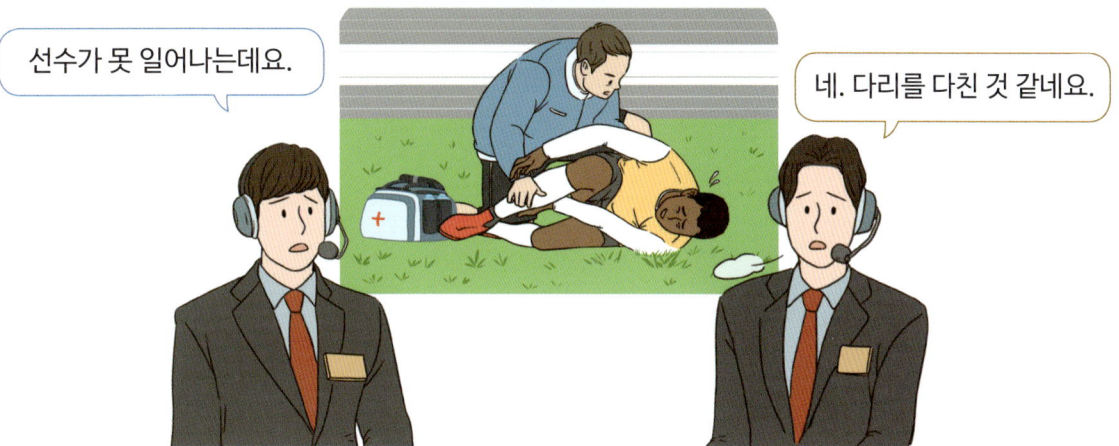

▶ 동사의 어간에 붙어서 여러 상황으로 미루어 과거에 그런 일이 일어났다고 추측함을 나타냅니다.
Attached to a verb stem, '-(으)ㄴ 것 같다' indicates a guess that something happened in the past based on various situations.

동	-은 것 같다	먹다	먹은 것 같다
	-ㄴ 것 같다	자다	잔 것 같다

* 'ㄹ' 받침의 동사는 'ㄹ'을 탈락시키고 '-ㄴ 것 같다'를 사용합니다.
For verbs that end with the final consonant 'ㄹ,' drop the 'ㄹ' and use '-ㄴ 것 같다.'

예 그 책을 전에 **읽은 것 같아요**.
어제 파티에 사람이 많이 **온 것 같아요**.
사람들이 모두 그 소식을 **들은 것 같아요**.
이 케이크는 아야나 씨가 **만든 것 같아요**.

가: 나나 씨가 오늘 기분이 좋아 보이네요.
나: 저도 봤어요. 시험을 잘 **본 것 같아요**.